Age Report 2004

Traditionelles und neues Wohnen im Alter

François Höpflinger

Bibliografische Information der Deutschen Bibliothek
Die Deutsche Bibliothek verzeichnet diese Publikation in der Deutschen Nationalbibliografie; detaillierte bibliografische Daten sind im Internet über http://dnb.ddb.de abrufbar.
ISBN 3-03777-004-X

Konzept und Gestaltung: Prime Communications AG, Zürich, sowie holenstein & holenstein, Zürich
Fotografie: Nadja Athanasiou, Zürich
Korrektorat: Ruth Flückiger, Burgdorf

Vorwort

Selbstverständlich muss eine Stiftung, die zum Ziel hat, gutes Wohnen im Alter zu fördern, eine Vorstellung davon haben, was gutes Wohnen im Alter ausmacht. Wir nahmen an, dass sich die Vorstellungen von gutem Wohnen im Alter nicht auf einen Nenner bringen lassen, sondern dass die Bedürfnisse, Wünsche und Vorstellungen der älteren Frauen und Männer zum Wohnen so vielfältig sind, wie die Menschen selber verschieden sind. Dass je nach Gesundheit, beruflichem Werdegang und sozialer Stellung, Wohnort oder Zivil- und Familienstand die Beschreibungen von gutem Wohnen unterschiedlich ausfallen. Ausserdem gingen wir davon aus, dass sich die Vorstellungen über das gute Wohnen im Alter von Generation zu Generation verändern.

Diese Grundannahmen waren Ausgangspunkt, um mehr erfahren zu wollen über das Wohnen im Alter. Wir wollten wissen, wie ältere Menschen heute wohnen, welche Vorstellungen sie haben von einem Wechsel der Wohnsituation, welche Kontakte ältere Menschen zur Familie und zu Freunden haben, welche Wohnformen für sie denkbar sind, und wie sie im Fall einer Pflegebedürftigkeit wohnen möchten. Professor Dr. François Höpflinger erklärte sich bereit, diese Fragen zu präzisieren und mögliche Antworten darauf zu finden. Damit war der Grundstein für die repräsentative Befragung von in der deutschsprachigen Schweiz wohnhaften Menschen über 60 gelegt. Die Antworten auf die Fragen stellen eine Momentaufnahme dar. Wir beabsichtigen, in fünf Jahren erneut eine analoge Erhebung durchzuführen, um allfällige Veränderungen aufzuzeigen und zu analysieren.

Wir hoffen natürlich, damit nicht nur ein eigenes Bedürfnis abzudecken, sondern auch weiteren Kreisen dienen zu können. Die Erkenntnisse der Age Stiftung sollen Grundlagen liefern für die Planung von Wohnangeboten für ältere Menschen. Die Age Stiftung erhofft sich zudem, der Age Report möge dazu beitragen, dass die Breite der vorhandenen Wohnformen in der Öffentlichkeit zur Kenntnis genommen wird und zu eigenen Initiativen anregt.

Der Age Report will jedoch nicht bloss Zahlen und Fakten vermitteln, weshalb im zweiten Teil des Buches einige Wohnformen dargestellt werden. Wir möchten den Frauen und Männern, die uns Einblick in ihr Wohnen gegeben haben, unseren aufrichtigen Dank aussprechen. Ihre Offenheit ermöglicht den interessierten Leserinnen und Lesern, einen Eindruck von der Vielfalt von Wohnen im Alter zu erhalten.

Age Stiftung

Markus Bosetti, Präsident
Antonia Jann, Geschäftsführerin

Inhalt

Wohnen im Alter – Fakten und Trends

Weshalb Wohnen im höheren Lebensalter bedeutsamer wird

«Bekannt ist der Befund, dass die Grenzen des eigenen Lebensraums mit zunehmendem Alter enger gezogen sind und die Wohnung und das wohnortnahe Umfeld zu den wichtigsten Lebens- und Aufenthaltsorten älterer Menschen zählen» (Sowarka 2002: 91). Im höheren Lebensalter erhalten Wohnung und Wohnumgebung für viele Menschen eine erhöhte Bedeutung. Dafür verantwortlich sind verschiedene Gründe.

Erstens tritt mit der Pensionierung ein wichtiger Lebensbereich – die Arbeitswelt – in den Hintergrund. Demgegenüber werden Freizeit – und Wohnbereich als Mittelpunkte des Lebens wichtiger. Dies gilt vor allem für Männer und Frauen, die vor der Pensionierung beruflich intensiv engagiert waren. Mit dem Wegfall des Arbeitsortes verbringen ehemals berufstätige Menschen sachgemäss mehr Zeit in ihrer Wohnung. Die Zeit am Arbeitsplatz, aber auch der berufliche Pendelverkehr entfallen, und die Wohnung wird auch für ehemals beruflich stark engagierte Männer und Frauen zum Lebensmittelpunkt. Die nachberuflichen Aktivitäten – inklusive Reisen und Besuche von Freunden und Bekannten – erfolgen häufig von zu Hause aus. Entsprechend ist eine stimulierende Wohnumgebung ein zentraler Baustein eines aktiven nachberuflichen Lebens.

Zweitens ergibt sich im höheren Lebensalter oft eine enge Verbundenheit und Passung zwischen persönlichen Bedürfnissen und der Wohngestaltung. Insbesondere ältere Menschen, die schon lange in der gleichen Wohnung leben, fühlen sich mit ihrer Wohnung sowie mit ihrer Wohnumgebung häufig stark verbunden. Im Rentenalter sind die angestammte Wohnung und Wohnumgebung mit vielen lebensgeschichtlichen Erinnerungen verknüpft: In dieser Wohnung wurden die Kinder «grossgezogen» und an diesem Wohnort kennt man sich gegenseitig seit Jahren. Auch die gewohnte Wohneinrichtung weckt eine Vielfalt biografischer Erinnerungen; Erinnerungen, welche das Ertragen der mit dem Alter verbundenen Beschwerden erleichtern können. Je mehr positive Erinnerungen mit der angestammten Wohnung verbunden sind, desto schwer wiegender wird allerdings ein Umzug, und zwar auch dann, wenn die neue Wohnung objektiv besser geeignet ist. Geborgenheit und Verbundenheit sind wichtige Elemente des Wohnens im höheren Lebensalter. Ebenso

Wohnen gewinnt im höheren Lebensalter eine verstärkte Bedeutung.

wichtig sind jedoch auch Autonomie, Gestaltungsfreiheit sowie die Einbettung in eine anregende Umwelt. Eine optimale Wohnform für das höhere Lebensalter bietet deshalb nicht nur Schutz und Geborgenheit, sondern auch vielfältige Anregungen sowie Spielräume für selbstbestimmtes Handeln. Gleichzeitig ist die Erleichterung von sozialen Kontakten und Gemeinschaft ein zentraler Aspekt einer altersfreundlichen Wohnwelt.

Durchgeführte Wohnstudien weisen nach, dass bei älteren Menschen vor allem fünf Wohnelemente wesentlich sind (vgl. Mollenkopf et al. 1999; Oswald 1996).

1) Räumlich-dingliche Wohnelemente: Dazu gehört das Erleben der Wohnlage und die Anbindung und Ausstattung einer Wohnung. In diesem Bereich ergeben sich allerdings je nach Lebenslage individuelle Unterschiede der Wohnwünsche. Die einen Menschen bevorzugen eine luxuriös eingerichtete, geräumige Neuwohnung mit grossen Fenstern. Andere Menschen lieben hingegen eher eine kleine, gemütliche Wohnung, die Geborgenheit bietet. Je nach individuellen Bedürfnissen bevorzugen Menschen eine landschaftlich schöne Wohnlage oder umgekehrt eine stadtnahe Wohnsituation mit gutem Anschluss an den öffentlichen Verkehr. Typische Aussagen zu diesen Wohnelementen sind etwa: «Hier ist es landschaftlich sehr schön … Hier habe ich einen guten Anschluss in die Stadt; die Bushaltestelle ist gerade um die Ecke.»

2) Verhaltensbezogene Wohnelemente: Dazu gehören das Erleben von Autonomie und vieler Anregungsmöglichkeiten. Die Wohnung ist ein Bereich hoher Selbstgestaltung. Jede Person geniesst das Recht, sich so einzurichten, wie sie es sich wünscht. Für ihre eigene Wohnung dürfen Frauen und Männer diejenigen Möbel kaufen, die sie wollen, und die Bilder aufhängen, die ihnen persönlich gefallen usw. Dieser Freiraum stösst in anderen Lebensbereichen – Arbeitsplatz, öffentliche Anlagen usw. – auf enge Grenzen. Die Wohnung ist oft auch ein Lebensbereich, der wichtige Anregungen bietet, etwa wenn man von der Wohnung direkt auf einen belebten Park blickt, oder wenn gute Einkaufsmöglichkeiten in der Nähe liegen usw. Typische Aussagen zu diesen Wohnelementen sind etwa: «Meine Wohnung habe ich selbst eingerichtet … Vom Stubenfenster aus sehe ich direkt auf den Park.»

3) Kognitive Wohnelemente: Ein wesentliches (kognitives) Wohnelement ist das Erleben von Vertrautheit mit der eigenen Wohnung und der Wohnumgebung. Das Gefühl, heimisch zu sein, wächst aus einer engen Vertrautheit mit der eigenen Wohnung heraus. In einer vertrauten Wohnung findet man sich selbst nachts bei Dunkelheit zurecht, und wer lange in der gleichen Wohngegend gelebt hat, identifiziert sich emotional mit der Nachbarschaft. Gutes Wohnen hat viel mit Gewöhnung zu tun, und jede neue Wohnsituation ist zuerst einmal ungewohnt. Typische Aussagen zu diesen Aspekten sind etwa: «Ich wohne jetzt seit über 40 Jahren da, und in so langer Zeit verwächst man mit dem Haus … Alles ist so vertraut, hier fühle ich mich heimisch.»

4) Emotionale Wohnelemente: Zum Wohnen gehört auch das Erleben von Zufriedenheit, Wohlbefinden und Privatleben. Die Wohnzufriedenheit ist im höheren Lebensalter ein wichtiges Element der Lebenszufriedenheit, und persönliches Wohlbefinden im Alter hat viel mit einer guten Wohnsituation zu tun. Gleichzeitig bietet eine gute Wohnung Geborgenheit und private Freiräume: In der eigenen Wohnung kann man tun oder lassen, was man will («my home is my castle»). Typische Aussagen dazu sind: «Ich fühle mich geborgen … Ich kann hier machen, was ich will, ohne dass sich andere einmischen.»

5) Soziale Wohnelemente: Eine gute Wohnsituation erleichtert das Erleben von sozialen Beziehungen, und sie bietet gute Kontaktmöglichkeiten, etwa dadurch, dass für Freunde oder Angehörige ein Zimmer zum Übernachten frei steht. Wichtig ist häufig – gerade auch für allein lebende Frauen und Männer –, dass Kinder und Freunde in der Nähe wohnen. Noch mehr als in anderen Lebensphasen wird im hohen Lebensalter bedeutsam, ob eine gute Nachbarschaft besteht und ob die Lage der Wohnung Kontakte erleichtert oder erschwert. Typische Aussagen dazu sind: «Meine Kinder wohnen ganz in der Nähe … Wenn ich mich unterhalten will, gehe ich rasch zur Nachbarin.»

Wohnfragen im höheren Lebensalter umfassen sehr unterschiedliche Aspekte des Lebens (vgl. Bundesministerium für Familie, Senioren, Frauen und Jugend 1998). Wohnen im Alter nur unter dem Gesichtspunkt des barrierenfreien Wohnens zu konzipieren, ist eindeutig zu eng. Soziale Aspekte (Kontakte, Anregung) sind ebenso wichtig wie privates Leben und Selbstbestimmung oder die räumlich-dingliche Gestaltung der Wohnung. Ältere Menschen haben Wohnbedürfnisse, die teilweise den Wohnbedürfnissen jüngerer Menschen ähnlich sind. Oft unterscheiden sich ältere Menschen weniger in der Art der Anforderungen an eine gute Wohnung von jüngeren Menschen, als darin, dass sie altersbedingt stärker davon abhängig sind, dass solche Anforderungen erfüllt werden. Nahe gelegene Einkaufsmöglichkeiten werden von jüngeren und älteren Menschen gleichermassen geschätzt, aber ältere Menschen mit Gehschwierigkeiten sind stärker auf nahe Einkaufsläden angewiesen als jüngere Menschen. Junge mobile Menschen können einer schlechten Nachbarschaft besser entfliehen als hochbetagte Frauen und Männer. Das Alter führt meist nicht zu neuen Wohnwünschen, sondern primär dazu, dass es schwieriger wird, diese Wohnwünsche zu verwirklichen. Hilfs- und Pflegebedürftigkeit im Alter bringt es beispielsweise mit sich, dass Fremde (Spitex-Angestellte, freiwillige Betreuerinnen) die private Wohnung betreten und damit Verletzungen der Intimsphäre zum Problem werden. Gehschwierigkeiten im hohen Lebensalter haben zur Folge, dass früher unproblematische Treppen und Aufgänge kraftraubende Parcoursleistungen erzwingen. Durch Neuzuzüger wird eine gewohnte Nachbarschaft fremd, wodurch sich eine hochbetagte Person nach und nach isoliert fühlt. Beispielsweise kann sich ein grosses Familienhaus, das zur Zeit der Familienphase optimal war, im hohen Alter für eine alleinstehende Frau als zu leer erweisen.

Wohnen im Alter nur unter dem Gesichtspunkt barrierenfreien Wohnens zu sehen, ist zu eng.

Individuelle Unterschiede sind zentral

Die Bedeutung der Wohnung wie auch die Gewichtung der Wohnumgebung variieren auch im höheren Lebensalter. Während die einen älteren Menschen primär die Verbundenheit mit einer langjährigen Nachbarschaft betonen, bevorzugen andere im höheren Lebensalter einen Neubeginn, wodurch die Pensionierung mit einem Wohnungswechsel oder sogar einem Wohnortswechsel verbunden wird. So scheinen sich gerade bei den neuen Rentnergenerationen «die alten Bäume» immer häufiger selbst zu verpflanzen, und auch das Altern an mehreren Orten (z. B. Hauptwohnung in der Stadt, Ferienwohnung in den Bergen oder im Süden) wird häufiger.

Ebenso unterschiedlich wie das Wohnverhalten sind auch die Wohnbedürfnisse älterer Menschen. Während eine Gruppe von Frauen und Männern ihre private Selbstständigkeit betont und dafür in Kauf nimmt, allein zu leben, gewichten andere Frauen und Männer gemeinschaftliche Wohnformen stärker. Die einen Menschen möchten im Alter möglichst ruhig leben. Andere Menschen bevorzugen es, auch im späteren Leben mitten in einem bewegten Zentrum zu wohnen.

Dementsprechend gibt es keine «ideale Wohnform für alle». Für unterschiedliche Gruppen älterer Menschen erweisen sich unterschiedliche Wohnformen als wünschenswert und ideal. Die individuellen Unterschiede der Wohnbedürfnisse hängen zum einen damit zusammen, dass ältere Menschen aufgrund sozialer, lokaler oder kultureller Unterschiede im Verlauf ihres bisherigen Lebens unterschiedliche Wohnformen erlebt und erfahren haben. Wer die längste Zeit seines Lebens allein gelebt hat, betrachtet gemeinschaftliche Formen des Wohnens im Alter mit viel Skepsis. Andere Menschen möchten aufgrund negativer Erfahrungen mit dem Alleinsein im höheren Lebensalter sozial eingebettet leben. Zudem verlaufen körperliche und psychologische Alternsprozesse individuell. Während die einen Menschen bis zum Alter von 80 Jahren und mehr mobil und geistig hochkompetent bleiben, werden andere Menschen schon mit 60 Jahren mit geistigen und körperlichen Abbauerscheinungen konfrontiert. Die einen Menschen versuchen möglichst lange jung zu bleiben, die anderen Menschen betrachten ihr körperliches Altern als Möglichkeit, sich endgültig von jugendlichen Leistungs- und Schönheitsnormen zu befreien. Die ältere Bevölkerung ist alles andere als eine homogene Gruppe mit einheitlichen Lebens- und Wohnvorstellungen. Dies gilt insbesondere für Generationen von Menschen, die lebenslang gelernt haben, ihre Individualität zu pflegen. Dementsprechend sind alle Lebens- und Wohnprojekte, die von einem einheitlichen Typ älterer Menschen ausgehen, von vornherein zum Scheitern verurteilt.

Die Bedeutung von Wohnung und Wohnumgebung variieren im höheren Lebensalter individuell. Deshalb gibt es keine «ideale Wohnform für alle».

Zum Aufbau des Berichts

In einem ersten Teil werden kurz wichtige demografische Perspektiven aufgeführt (Kapitel 1). Anschliessend werden zentrale gesellschaftliche Veränderungen des Alters angesprochen. Der Generationenwandel der älteren Bevölkerung wird ebenso aufgeführt wie die unterschiedlichen Phasen im höheren Lebensalter (Kapitel 2). In diesem Rahmen wird auch auf die wirtschaftliche Lage heutiger Rentner und Rentnerinnen eingegangen. Dabei wird deutlich, dass trotz wirtschaftlichen Verbesserungen weiterhin recht viele ältere Menschen sich mit einem knappen Einkommen begnügen müssen.

In Kapitel 3 wird die Lebens- und Haushaltssituation älterer Menschen und deren Wandel beschrieben. Klar wird einerseits eine starke Konzentration der zu Hause lebenden älteren Menschen auf Kleinhaushalte mit ein bis zwei Personen. Andererseits steigt im hohen Lebensalter der Anteil von Frauen und Männern an, die aufgrund von Pflegebedürftigkeit in Alters- und Pflegeeinrichtungen leben.

Die Wohnsituation älterer Menschen in Privathaushaltungen wird in Kapitel 4 im Detail beschrieben und diskutiert. Neben den Ergebnissen der Wohnumfrage 2003 der Age Stiftung werden andere Datenquellen herangezogen, um den Wandel in der Wohnsituation älterer Menschen aufzuzeigen. Deutlich wird im Zeitvergleich insbesonders, wie stark sich der Wohnstandard älterer Menschen in der Schweiz verbessert hat; eine Entwicklung, die auch die Ansprüche an Alters- und Pflegeheime erhöht. Bedeutsame Probleme lassen sich hingegen in der Qualität der Wohnumgebung (Lärmbelastung, Gefühl von Unsicherheit) nachweisen. Im Rahmen einer Diskussion der Wohnzufriedenheit im Alter wird auf das «Zufriedenheitsparadox des Alters» eingegangen; das heisst auf die Beobachtung, dass sich ältere Menschen auch bei objektiv schlechten Wohnbedingungen mit ihrer Wohnung zufrieden zeigen können.

Das Kapitel 5 konzentriert sich ausgehend von der im Jahre 2003 durchgeführten Wohnumfrage der Age Stiftung auf die subjektiven Aspekte des Wohnens im Alter. Neben den Wohnwünschen älterer Menschen werden Wohnhindernisse und Gedanken zu einem altersbedingten Wohnwechsel analysiert. Am Schluss dieses Kapitels wird der Frage nachgegangen, wie ältere Menschen unterschiedliche Wohnformen im Alter beurteilen: Welche alternativen Wohnformen erachten sie für sich persönlich als denkbar?

In Kapitel 6 werden in einem ersten Schritt wichtige Vor- und Nachteile verschiedener Wohnformen im höheren Lebensalter angesprochen. In einem zweiten Schritt werden ausgewählte innovative Wohnformen beschrieben und diskutiert. Dabei handelt es sich namentlich um Alterswohngemeinschaften, betreute Wohnformen im Alter und Pflegewohngruppen für hilfs- und pflegebedürftige Menschen.

Abschliessend werden die wichtigsten Ergebnisse der Studie zusammengefasst und einige planerisch relevante Folgerungen formuliert. Im Anschluss an die dem Bericht folgenden fünf Reportagen über Alterssiedlungen werden Kontakt- und Internetadressen sowie die Umfrage der Age Stiftung und die Literatur aufgeführt.

1 Demografische Perspektiven – mehr ältere Menschen in einer langlebigen Gesellschaft

Wie andere europäische Länder wird auch die Schweiz mit einer merkbaren demografischen Alterung konfrontiert. Ein seit Jahrzehnten tiefes Geburtenniveau sowie eine erhöhte Lebenserwartung führen dazu, dass sich Zahl und Bevölkerungsanteil älterer Menschen rasch erhöhen. Diese Entwicklung wird oft negativ bewertet. Im Gegensatz dazu zeigen sozialhistorische Analysen, dass ein steigender Anteil älterer Mensch im Grunde genommen einen zivilisatorischen Fortschritt darstellt, da dies auf gesellschaftliche Verhältnisse deutet, in denen mehr Menschen ihr menschliches Lebenspotenzial ausleben können und weniger Menschen frühzeitig sterben. Weltweit betrachtet ist die demografische Alterung zudem die Lösung des Problems eines langfristig untragbaren Bevölkerungswachstums (vgl. Höpflinger 1997a).

In der Schweiz wird die demografische Alterung ihren Höhepunkt erfahren, wenn die geburtenstarken Jahrgänge («Baby-Boom-Generationen») das hohe Lebensalter erreichen. Tabelle 1 illustriert die voraussichtliche Entwicklung in Zahl und Anteil älterer Menschen für die nächsten Jahrzehnte, ausgehend von zwei vom Bundesamt für Statistik (2001a) erarbeiteten Bevölkerungsszenarien. Gemäss Szenario «Trend» – das die aktuelle Entwicklung fortschreibt – wird sich die Zahl der 60-jährigen und älteren Menschen in der Schweiz von gegenwärtig rund 1.5 Mio. Personen bis zum Jahre 2040 auf rund 2.2 Mio. Personen erhöhen. Ein besonders markanter Anstieg wird bei den 80-jährigen und älteren Menschen erwartet. Bis zum Jahre 2050 dürfte sich ihre Zahl mehr als verdoppeln. Steigt die Lebenserwartung stärker an – wie dies im Szenario «Positive Dynamik» angenommen wird –, ist die zahlenmässige Zunahme der älteren Bevölkerung und vor allem der über 80-jährigen Menschen noch stärker, bis zum Jahre 2050 von heute 290'000 auf gut 720'000 Personen. Anschliessend sinkt ihre Zahl aufgrund des Absterbens geburtenstarker Jahrgänge wieder.

Ein steigender Anteil älterer Menschen widerspiegelt einen zivilisatorischen Fortschritt.

Da die in den nächsten Jahrzehnten ins hohe Alter tretenden Menschen schon geboren sind, sind solche demografische Szenarien einigermassen zuverlässig, unter der Bedingung, dass es zukünftig nicht zu einem Zusammenbruch von Sozial- und Gesundheitsstrukturen kommt, was die Lebenserwartung älterer Menschen massiv beeinträchtigen würde. Auch zwei andere Faktoren können die demografische Alterung – im Sinn eines steigenden Anteils älterer Menschen – reduzieren: Erstens verringert

Tabelle 1

Szenarien zur zahlenmässigen Entwicklung der älteren Bevölkerung in der Schweiz 2000–2060

A) In 1000 Personen

	Szenario «Trend»		Szenario «Positive Dynamik»	
	60+-Jährige	80+-Jährige	60+-Jährige	80+-Jährige
2000	1458.2	290.1	1458.2	290.1
2010	1719.0	344.2	1727.5	346.4
2020	1961.7	380.9	2001.1	392.9
2030	2203.0	483.4	2299.4	517.9
2040	2188.6	548.8	2359.6	616.4
2050	2145.3	608.7	2394.2	719.7
2060	2102.1	547.1	2412.6	683.4

B) In % der schweizerischen Wohnbevölkerung

	Szenario «Trend»		Szenario «Positive Dynamik»	
	60+-Jährige	80+-Jährige	60+-Jährige	80+-Jährige
2000	20.3%	4.0%	20.3%	4.0%
2010	23.4%	4.7%	23.2%	4.7%
2020	26.5%	5.2%	25.9%	5.1%
2030	29.7%	6.5%	28.6%	6.4%
2040	29.9%	7.5%	28.6%	7.5%
2050	29.9%	8.5%	28.4%	8.5%
2060	29.8%	7.7%	27.8%	7.9%

Szenario «Trend»: Geringe Fertilität, keine verstärkte Einwanderung sowie verlangsamter Anstieg der Lebenserwartung, bis 2060 auf 82.5 Jahre (Männer) bzw. 87.5 Jahre (Frauen).
Szenario «Positive Dynamik»: Leicht erhöhte Fertilität, zunehmende Einwanderung sowie stärkerer Anstieg der Lebenserwartung; bis 2060 auf 85.5 Jahre (Männer) bzw. 90.0 Jahre (Frauen).

Quelle: Bundesamt für Statistik (2001a).

sich der Bevölkerungsanteil älterer Menschen, wenn sich die Geburtenhäufigkeit – die sich heute auf einem tiefen Niveau bewegt – erhöht. Zweitens kann eine verstärkte Einwanderung in die Schweiz – wie entsprechende Bevölkerungsszenarien aufweisen – die demografische Alterung der schweizerischen Wohnbevölkerung zwar nicht

Tabelle 2

Durchschnittliche Lebenserwartung in der Schweiz 1889/1900–1999/2000

Durchschnittliche Lebenserwartung (in Jahren)

	bei Geburt	Im Alter von 60 J.	70 J.	80 J.	90 J.
Männer					
1889/1900	45.7	12.5	7.6	4.1	2.2
1958/63	68.7	16.2	10.0	5.5	2.8
1999/2000	76.9	20.8	13.3	7.4	3.9
Frauen					
1889/1900	48.5	13.0	7.7	4.2	2.4
1958/63	74.1	19.2	11.7	6.1	3.1
1999/2000	82.6	25.0	16.5	9.1	4.3

Quelle: Statistische Jahrbücher der Schweiz und Bevölkerungsbewegung der Schweiz.

aufhalten, aber doch in bedeutsamer Weise abschwächen (vgl. Münz, Ulrich 2001). Schon bisher konnte die Schweiz ihre Altersstruktur dank Einwanderung deutlich verjüngen. Ohne die Einwanderung der letzten Jahrzehnte würde zudem die Bevölkerung der Schweiz heute nur rund 5.2 Mio. Menschen statt fast 7.3 Mio. Menschen betragen (vgl. Bundesamt für Statistik 2001b).

Die Schweiz wird in den nächsten Jahrzehnten in jedem Fall eine verstärkte demografische Alterung erfahren, wobei eine frühzeitige Planung und Vorbereitung die damit verbundenen sozialpolitischen Probleme klar verringert. Auch der Wohnungsmarkt wird zukünftig absolut wie relativ stärker als heute von älteren Menschen bestimmt. Der Anteil der 60-jährigen und älteren Frauen und Männer an der Wohnbevölkerung wird sich von heute gut 20% bis zum Jahre 2030 auf gegen 29% bis 30% erhöhen. Auch aus diesem Grund werden die Wohnbedürfnisse älterer Frauen und Männer in Zukunft mehr Gewicht und Bedeutung aufweisen.

Wohnbedürfnisse älterer Frauen und Männer werden inskünftig mehr Gewicht aufweisen.

Wie in anderen hoch entwickelten Ländern stieg auch in der Schweiz die Lebenserwartung während des 20. Jahrhunderts deutlich an, wodurch sich die Zahl älterer Menschen zusätzlich erhöhte. Während zu Beginn des 20. Jahrhunderts Männer durchschnittlich rund 46 Jahre lebten, sind dies zu Beginn des 21. Jahrhunderts schon gut 77 Jahre. Noch stärker stieg in dieser Zeit die Lebenserwartung der Frauen an, von durchschnittlich 48 bis 49 Jahren auf gegenwärtig gut 82½ Jahren (vgl. Tabelle 2).

Heute leben Frauen im Durchschnitt 5.7 Jahre länger als Männer, weil weniger Frauen als Männer ein risikoreiches, ungesundes Verhalten aufweisen. So ist sowohl die Unfall- als auch die Selbstmordhäufigkeit bei Männern höher. Zudem sterben weiterhin mehr Männer als Frauen vorzeitig an Krebskrankheiten, Herz- und Kreislaufproblemen oder Suchtkrankheiten. Deshalb werden im hohen Lebensalter eindeutig mehr Frauen als Männer gezählt. Schon bei den 65- bis 69-Jährigen bilden die Frauen eine Mehrheit von 54%, und mit steigendem Lebensalter nimmt die Feminisierung des Alters weiter zu. Bei den über 94-Jährigen bilden die Männer eine kleine Minderheit von 16%; eine Minderheit, die erneut – wie zu Beginn des Lebens – in stark weiblich geprägten Lebensverhältnissen lebt (vgl. Höpflinger 2002). Auch wenn sich die geschlechtsspezifischen Unterschiede der Lebenserwartung in Zukunft etwas verringern, bleibt die Tatsache bestehen, dass die ältere Bevölkerung weiterhin mehrheitlich weiblich sein wird (vgl. Höpflinger 1994). Wohnpolitik für ältere Menschen muss deshalb weitgehend als Wohnpolitik für ältere Frauen verstanden werden. So leiden etwa betagte Frauen häufiger unter chronischen Beschwerden, welche eine selbstständige Haushaltsführung erschweren, wodurch angepasste Wohn- und Haushaltsformen besonders wichtig werden. Frauen leben im Alter zudem häufiger allein als gleichaltrige Männer, und eine ungünstige Gestaltung der Wohnumgebung erhöht bei älteren Frauen das Vereinsamungsrisiko besonders stark.

Bei der Entwicklung der Lebenserwartung fällt ins Gewicht, dass speziell die Lebenserwartung im Alter deutlich angestiegen ist. Zu Beginn des 20. Jahrhunderts lebten Frauen und Männer im Alter von 60 Jahren noch gut 12 bis 13 Jahre. Heute können 60-jährige Frauen mit einem guten Vierteljahrhundert (25 Jahren) rechnen, und Männer von 60 Jahren leben durchschnittlich immerhin gut noch weitere 21 Jahre. Damit hat die nachberufliche Lebensphase – das Leben nach der Pensionierung – klar an Bedeutung gewonnen. Auch die Chancen, das hohe Alter von 80 Lebensjahren zu erreichen, sind angestiegen. Zu Beginn des 20. Jahrhunderts konnten weniger als 10% aller Frauen ihren 80. Geburtstag feiern. Zu Beginn des 21. Jahrhunderts sind es über 70%. Bei den Männern stieg die Chance, den 80. Geburtstag zu feiern, in der gleichen Periode von 8% auf 50%. Und wer heute 80 Jahre erreicht, lebt durchschnittlich noch gut 9 Jahre (Frauen) bzw. $7\frac{1}{2}$ Jahre (Männer). Langlebigkeit bedeutet nicht nur ein langes nachberufliches Leben, sondern auch eine lange gemeinsame Lebenszeit älterer Eltern und erwachsener Kinder sowie erstmals in der Menschheitsgeschichte die Chance, langjährige Enkelkind-Grosseltern-Beziehungen zu erleben und zu pflegen (vgl. Höpflinger 1999). Damit gewinnt die Frage nach der Wohnform älterer Eltern (gemeinsam mit Kindern oder getrenntes Wohnen der Generationen) eine erhöhte Brisanz.

In den letzten Jahrzehnten ist vor allem die Lebenserwartung älterer Menschen deutlich angestiegen.

Der Trend geht zumindest für die nächsten Jahrzehnte in Richtung einer weiteren Erhöhung der Lebenserwartung bzw. hoher Chancen, sehr alt zu werden. Je nach demografischen Szenarien wird bei den Männern bis zum Jahre 2060 eine Erhöhung der durchschnittlichen Lebenserwartung auf 79.5 Jahre (niedriges Szenario) bis 85.5 Jahre (hohes Szenario) erwartet. Bei den Frauen wird je nach Szenario im Jahre 2060 von einer durchschnittlichen Lebenserwartung von 85 Jahren (niedriges Szenario) bis 90 Jahren (hohes Szenario) ausgegangen. Allerdings basiert eine weitere Erhöhung der Lebenserwartung auf der Voraussetzung eines weiterhin funktionierenden Sozial- und Gesundheitswesens. Langlebigkeit ist ein zivilisatorischer Fortschritt, der darauf gründet, dass auch ältere und betagte Menschen sozial, wirtschaftlich und gesundheitspolitisch abgesichert sind. Ein massiver Sozialabbau kann die Lebenschancen namentlich älterer Menschen erneut reduzieren.

Ob die erhöhte Lebenserwartung älterer Menschen tatsächlich eine positive Entwicklung darstellt, ist zudem umstritten. Zur Qualität der heutigen Langlebigkeit stehen sich zwei gegensätzliche Thesen gegenüber.

Die eine These geht davon aus, dass Menschen zwar länger leben, aber dass dies im hohen Lebensalter auf Kosten einer längeren Pflegebedürftigkeit geht (vgl. Olshansky et al. 1991). Im Alter würden Menschen nach dieser These oft nur länger leben, weil sie dank medizinischer Hilfe trotz chronischen Krankheiten länger überleben. Damit sei die Erhöhung der Lebenserwartung eine durchaus zweischneidige Entwicklung, da der Tod kranker alter Menschen durch medizinische Interventionen oft unnötig aufgeschoben würde. Die andere These zeichnet ein positiveres Bild, da sie davon ausgeht, dass die Menschen heute vielfach länger gesund verbleiben als frühere Generationen (vgl. Fries 1996). Chronische Krankheiten und Beschwerden treten gemäss dieser These später im Leben auf. Die steigende Lebenserwartung sei damit eine durchaus positive Entwicklung.

Welche These zutrifft, ist auch für die Gestaltung der Wohnangebote für ältere Menschen entscheidend: Bleiben ältere Menschen einfach länger krank, steigt vor allem die Nachfrage nach Angeboten für behinderte bzw. pflegebedürftige ältere Menschen (Pflegeheimplätze, Pflegewohngruppen, betreute Wohnformen u. a.). Bleiben ältere Menschen jedoch länger gesund, steigt vor allem die Nachfrage älterer Menschen nach Wohnformen, die ein aktives, sozial integriertes nachberufliches Leben ermöglichen (Wohnungen in stimulierender Umwelt, Alterswohngemeinschaften u. a.).

Ältere Menschen leben heute nicht nur länger, sondern sie bleiben häufig auch länger gesund.

Die in den letzten Jahren durchgeführten Analysen zur gesunden bzw. behinderungsfreien Lebenserwartung lassen immer deutlicher erkennen, dass in vielen Ländern – darunter auch der Schweiz – eher die zweite These zutrifft. Männer und Frauen in hoch entwickelten Ländern leben nicht nur lange, sondern sie verbleiben im

Tabelle 3

Gesunde Lebenserwartung – Vergleich der Schweiz mit ihren Nachbarländern und den USA. Schätzung für das Jahr 2000

	Lebenserwartung insgesamt		**Lebenserwartung in Gesundheit**	
	Männer	**Frauen**	**Männer**	**Frauen**
Deutschland	74.3	80.7	67.4	71.5
Frankreich	75.2	83.1	68.5	72.9
Italien	75.9	82.4	69.5	72.8
Österreich	74.9	81.4	68.1	72.5
Schweiz	76.6	82.5	70.4	73.7
USA	73.9	79.5	65.7	68.8

Quelle: WHO, The World Health Report 2001, vgl. www.who.int/whosis/hale/hale.html.

Innovative Wohnprojekte helfen mit, die Zukunft einer Gesellschaft langlebiger Menschen optimal zu gestalten.

Durchschnitt lange Zeit gesund und ohne massive Behinderungen (vgl. Höpflinger, Hugentobler 2003). Selbst im Vergleich zu den Nachbarländern oder den USA leben Männer und Frauen in der Schweiz nicht nur relativ lange, sondern sie bleiben auch vergleichsweise lange gesund, wie Tabelle 3 illustriert.

Gegenwärtig können 65-jährige Frauen und Männer durchschnittlich nahezu vier Fünftel ihrer restlichen Lebenszeit ohne massive Behinderungen verbringen. Damit beginnt Pflegebedürftigkeit im Alter heute vielfach später, als dies bei früheren Generationen der Fall war. Die Verbesserung der gesundheitlichen Lage neuerer Rentnergenerationen wird durch eine Längsschnittbeobachtung von Genfer und Walliser Rentnern und Rentnerinnen bestätigt (vgl. Lalive d'Epinay et al. 2000: 146 ff.). Dabei erweisen sich gesellschaftliche Wandlungen zu besser ausgebildeten Menschen und berufliche Veränderungen (Verschiebung von landwirtschaftlichen und industriellen Berufen zu besser bezahlten und körperlich weniger anstrengenden Dienstleistungsberufen) als zentrale Erklärungsfaktoren einer besseren Gesundheit der heutigen Rentnerbevölkerung. Ein bedeutsamer Faktor war aber auch der Ausbau der Altersvorsorge der letzten Jahrzehnte, da wirtschaftlich abgesicherte ältere Menschen ihre Gesundheitspflege aktiver gestalten. Die Qualität der Wohnsituation älterer Menschen ist bei der zukünftigen Entwicklung einer Gesellschaft langlebiger Menschen ebenfalls ein wesentlicher Einflussfaktor. Innovative Wohnformen, die heute geplant und umgesetzt werden, helfen mit, die Zukunft einer Gesellschaft langlebiger Menschen optimal zu gestalten.

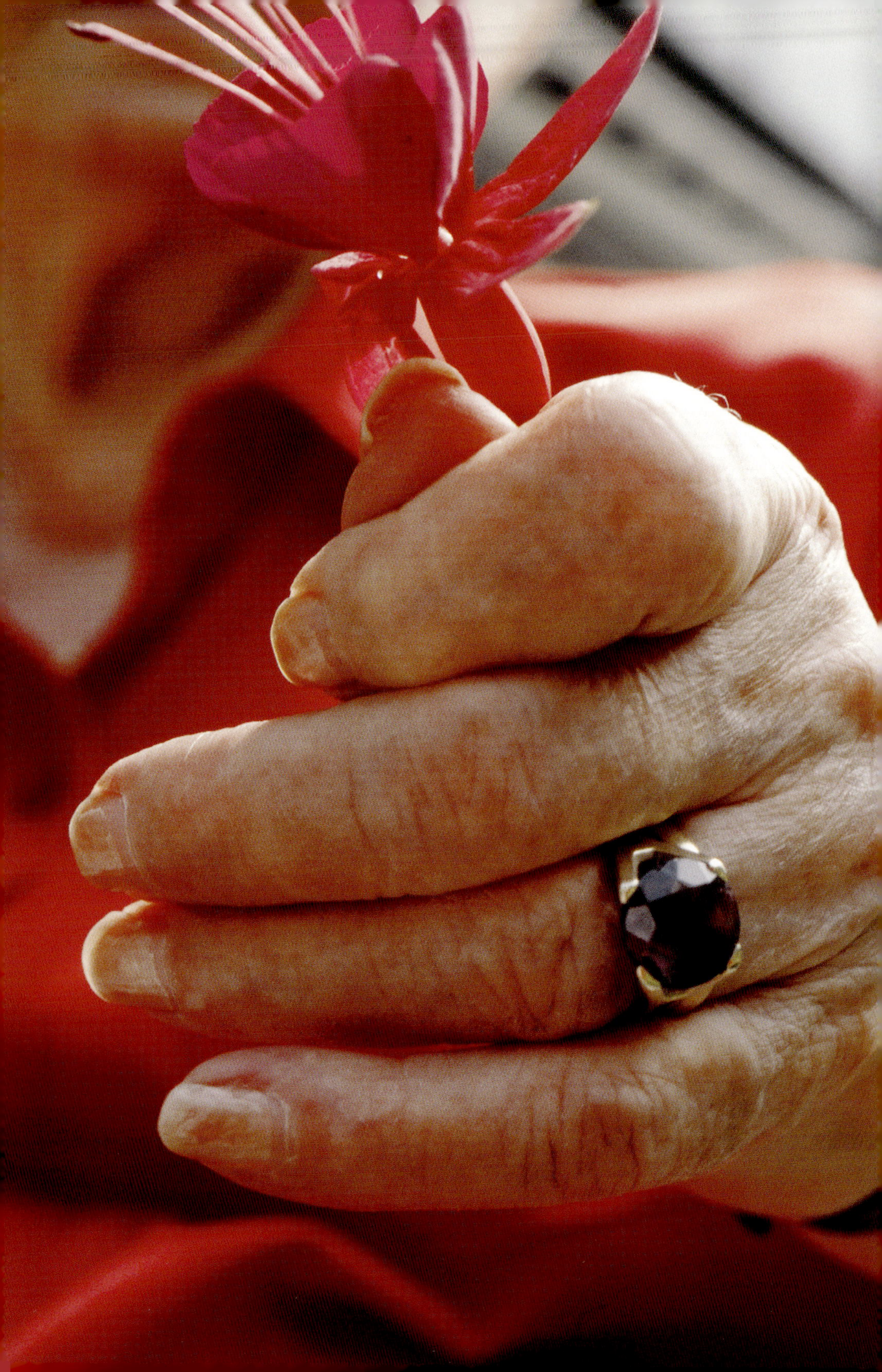

2 Altern im Wandel – zum gesellschaftlichen Wandel des Alters

Generationenwandel – unterschiedliches Altern je nach Generation

Jede Generation erlebt ihr Alter unterschiedlich; sei es, weil Menschen aus verschiedenen Geburtsjahrgängen ein unterschiedliches Generationenschicksal erfahren; sei es, weil sich die gesellschaftlichen Rahmenbedingungen des Rentenalters verändern. So wurden beispielsweise die heute 90-jährigen Menschen 1914 geboren. Sie erlebten zur Zeit ihres jungen Erwachsenenalters die Wirtschaftskrise der 1930er Jahre, wodurch sich ihre Familiengründung oft verzögerte. Im Alter von 25 Jahren wurden sie mit den Bedrohungen und Gefahren des Zweiten Weltkriegs konfrontiert. Vom Wirtschaftsaufschwung der Nachkriegsjahre profitierte diese Generation erst spät. Dies prägt diese Generation bis heute, etwa in der Richtung, dass viele Frauen und Männer auch im hohen Alter überaus sparsam leben. Viele Menschen aus dieser Generation sind sich bis heute an bescheidene Lebens- und Wohnansprüche gewohnt. Auf der anderen Seite erhielten die heute 90-jährigen Frauen erst im reifen Alter von 57 Jahren das Recht, an eidgenössischen Wahlen und Abstimmungen teilzunehmen. Als diese Generation ins Rentenalter eintrat, waren die AHV-Renten zwar noch tiefer als heute, aber die Diskussionen um den Generationenvertrag hatten kaum begonnen. Und erst im Alter von 70 Jahren wurden diese Menschen mit der Computerrevolution und den dadurch ausgelösten Wandlungen zur Informations- und Mediengesellschaft konfrontiert; mit der Folge, dass nur ein Teil dieser Generation gewillt war, sich aktiv mit neuen Technologien auseinander zu setzen.

Jede Generation erlebt ihr Alter unterschiedlich, und jede Generation entwickelt deshalb unterschiedliche Wohnwünsche.

Ganz anders verlief das Generationenschicksal der Frauen und Männer, die zwanzig Jahre später (1934) geboren wurden und die im Jahre 2004 den 70. Geburtstag feiern können. Zwar wurden sie in ihrer Kindheit ebenfalls mit dem Zweiten Weltkrieg konfrontiert, aber als sie 11 Jahre alt waren, begann in Westeuropa eine lange Friedens- und Wohlstandsperiode. Die Zeit ihrer Familiengründung fiel in eine Periode lang andauernder Wohlstands- und Wohlfahrtsgewinne. Deshalb konnten sie deutlich früher eine Familie gründen als ihre Eltern, wobei zur Zeit ihrer Familiengründung – den 50er Jahren – die traditionelle Ehe weiterhin noch die einzig akzeptierte Form des

Zusammenlebens von Mann und Frau darstellte. Gleichzeitig wurden die 1934 geborenen Frauen und Männer schon in ihrer Jugend mit (amerikanischen) Kultureinflüssen konfrontiert (Jeans, Elvis Presley). Sichere Arbeitsplätze und ständig steigender Wohlstand, kombiniert mit raschem kulturellem Wandel, trugen dazu bei, dass viele Frauen und Männer, die in den 1930er Jahren geboren wurden, auch im Rentenalter von einem recht hohen wirtschaftlichen Lebensstandard wie auch von einer bis ins hohe Lebensalter reichenden kulturellen Dynamik zu profitieren vermögen. Es ist sozusagen die erste Rentnergeneration, welche das Rentenalter sozusagen kulturell verjüngt begann. Es ist aber auch eine Generation, die aufgrund ihrer bisherigen Lebens- und Wohnerfahrungen das Privatleben sehr stark betont, und dementsprechend wird ein Umzug in ein Alters- und Pflegeheim meist negativ bewertet. Umgekehrt ist es auch die erste Rentnergeneration, die bewusst realisiert, was es bedeuten kann, sehr lange zu leben. Und wie sich die Rentensituation im Jahre 2024 darstellt, wenn die überlebenden Menschen des Jahrgangs 1934 dann 90 Jahre alt werden, ist unsicher geworden.

Noch offener ist das Altern der geburtenstarken Jahrgänge der Nachkriegszeit («Baby-Boomers»). In der Nachkriegszeit geboren, erfuhren sie von Wirtschaftskrise und Weltkrieg nur aus den Erzählungen ihrer Eltern. Sie wuchsen in einer einmaligen westeuropäischen Friedens- und Wohlstandsperiode auf, die stark von einer globalisierten Jugendkultur geprägt wurde. Frauen und Männer, die um 1950 zur Welt kamen, erlebten die Jugendbewegung (Hippie-Kultur, 68er-Bewegung) aktiv. Sie wurden schon früh mit einer raschen Auflösung traditioneller kultureller Werte konfrontiert, etwa bezüglich Sexualität, Heirat, Familiengründung und Ehescheidung. Gleichzeitig profitierte diese Generation von einer enormen Expansion des Bildungssystems. Dadurch wurden die Nachkriegskinder weitaus besser geschult als ihre Eltern oder Grosseltern. Mit dem Wandel von einer Industrie- zu einer Dienstleistungsgesellschaft entstanden zudem mehr gut bezahlte Berufspositionen. Da körperlich harte Arbeit – in Landwirtschaft oder Industrie – seltener wurde, leiden deutlich weniger Frauen und Männer dieser Generation im höheren Lebensalter an vorzeitigen körperlichen Abbauerscheinungen oder Beschwerden. Die «Baby-Boomers» werden das Rentenalter vielfach in besserer Gesundheit und in noch höherem Wohlstand erreichen als ihre Eltern. Sie sind zudem seit ihrer Jugend gewohnt, in einer mobilen und sich ständig ändernden globalen Gesellschaft zu leben, wodurch sie oft auch im höheren Lebensalter innovativ und lernbereit verbleiben. Neue Wohnformen im späteren Lebensalter sind für diese Generation kein Tabu, auch wenn erst die Zukunft zeigen wird, ob die Bereitschaft zu gemeinschaftlichen Wohnformen so stark ist, wie hie und da vermutet wird. Gleichzeitig werden für diese Generation die Grenzen des Wohlfahrtsstaates deutlicher sichtbar als für ihre Eltern. Zwar wird es höchstwahrscheinlich auch im Jahre 2015 – wenn die 1950 geborenen Menschen 65 Jahre alt werden – eine AHV geben, aber ob das Rentenalter dann noch bei 65 Jahren liegt, ist umstritten. Und wie die Rentensicherheit im Jahre 2040 aussieht, wenn die Überlebenden des Jahrgangs 1950 ihren 90. Geburtstag feiern, ist eine völlig offene Angelegenheit.

Der demografische Wandel (mehr ältere und hochaltrige Menschen) ist immer eingebettet in Fragen des Generationenwandels. Jede Rentnergeneration wurde und wird mit anderen Lebenserfahrungen konfrontiert. Jede Rentnergeneration entwickelt deshalb mindestens teilweise eigene Wertvorstellungen, Lebensperspektiven und Wohnwünsche. Deshalb sagen Beobachtungen, die über heute 70- oder 90-jährige Menschen gemacht werden, wenig über die zukünftige Gestaltung des Alters aus. Eine Fortschreibung der gegenwärtigen Lebens- und Wohnsituation heutiger Rentner und Rentnerinnen kann bei der Wohnplanung für zukünftige Rentnergenerationen in die Irre führen.

Zur wirtschaftlichen Lage heutiger Rentner und Rentnerinnen

Die wirtschaftliche Lage der Mehrheit älterer Menschen hat sich in den letzten Jahrzehnten verbessert. Zum einen kam es zu einem deutlichen Ausbau der Altersvorsorge (AHV und berufliche Vorsorge), wodurch sich die Existenzsicherung der Rentner und Rentnerinnen verbesserte. Dank Ergänzungsleistungen zur AHV ist die wirtschaftliche Existenz auch einkommensschwacher Rentner und Rentnerinnen im Prinzip gewährleistet. Zum anderen gehören die heutigen Rentner und Rentnerinnen immer mehr zu den so genannten Wohlstandsgenerationen, die vom wirtschaftlichen Aufschwung nach 1945 zu profitieren vermochten. Entsprechend sind Zahl und Anteil wohlhabender älterer Menschen namentlich in den jüngeren Rentnergenerationen deutlich angestiegen. Schon Ende der 1970er Jahre wurde klar, dass die Gleichung «alt = arm» nicht mehr der Realität entsprach. Das Eintreten der ersten Wohlstandsgenerationen ins Rentenalter sowie der Ausbau der beruflichen Vorsorge haben das Armutsrisiko vieler Rentner auch in den 1980er Jahren weiter reduziert (vgl. Burri, Leu 1997: 125). Auch in den 1990er Jahren hat sich die wirtschaftliche Lage mancher Rentner weiter verbessert; sei es, weil sie dank langjähriger Vollbeschäftigung während der Erwerbsjahre ein kleines Vermögen erspart haben; sei es, weil sie auf eine gute berufliche Vorsorge zurückgreifen können. Waren 1990 noch über 40% der Rentnerhaushalte allein auf die 1. Säule (AHV) angewiesen, waren es zehn Jahre später nur noch ein Drittel. Gut 65% der Haushalte mit jüngeren Rentnern (65- bis 74-jährig) erhielten im Jahre 2000 eine Rente aus der beruflichen Vorsorge, im Vergleich zu 54% bei Haushaltungen mit älteren Rentnern (75 Jahre und älter) (vgl. Stamm, Lamprecht 2003).

«Alt gleich arm», diese Gleichung stimmt nicht mehr. Dennoch müssen sich weiterhin relativ viele ältere Menschen mit einem kleinen Einkommen begnügen.

Tabelle 4

Einkommensquellen bei Rentnerhaushalten und der Anteil einkommensschwacher Rentnerhaushalte 1990–2000

	Rentnerhaushalte		
	1990	**1998**	**2000**
Anteil verschiedener Einkommens-komponenten am Gesamteinkommen			
– Erwerbseinkommen	1%	1%	1%
– Renten/Pensionen	83%	80%	80%
– EL, Rentenzuschüsse	2%	2%	2%
– Transfers	3%	2%	2%
– Vermögenseinkommen	6%	12%	11%
– Andere Einkommen	5%	3%	4%
Anteil Haushalte unter halbem Medianeinkommen			
– bezogen auf verfügbares Einkommen	27%	21%	21%
Anteil Haushalte unter SKOS-Grenze vor Transferleistungen (Grundbedarf II inkl. Wohnen)			
– bezogen auf verfügbares Einkommen	13%	18%	17%

Quelle: Stamm, Lamprecht 2003.

Die Daten in Tabelle 4 illustrieren, wie wichtig die Renteneinkommen (AHV, berufliche Vorsorge) für die wirtschaftliche Absicherung der nachberuflichen Phase sind. 80% des Einkommens heutiger Rentnerhaushalte stammt aus Renten bzw. Pensionen. In den neuen Rentnergenerationen gewannen allerdings auch Vermögenserträge an Bedeutung, und die Zahl vermögender älterer Menschen ist deutlich angestiegen. Gemäss Analyse der Zürcher Staatssteuerstatistik 1999 versteuerten die Rentnerhaushalte – welche etwa 20% der steuerpflichtigen Haushalte ausmachen – in diesem Jahr ungefähr die Hälfte der versteuerten privaten Vermögenswerte (Moser 2002). Die Rentnerhaushalte sind durchaus zu einem wichtigen Finanz- und Wirtschaftsfaktor geworden, selbst wenn die Aktienbaisse der letzten Jahre auch bei Rentnern ihre Spuren hinterlassen hat.

In den 1990er Jahren verbesserten sich die Einkommensverhältnisse vor allem bei den jüngeren Rentnern, während die Einkommensverhältnisse der älteren Rentner sowie der einkommensschwachen Rentner stagnierten. Zugleich haben sich die Einkommensunterschiede in der älteren Bevölkerung verstärkt, wobei die Einkommen der jüngeren Rentnergeneration deutlich ungleicher verteilt sind als jene der älteren Rentnergeneration. Die wirtschaftliche Lebenslage älterer Menschen ist somit

Tabelle 5

Monatliche Wohnkosten zu Hause lebender älterer Menschen

	Durchschnittliche Wohnkosten pro Monat in Franken		
	Schweizerischer Haushaltspanel 1999/2000		**Wohnumfrage 2003 der Age Stiftung**
	Wohn-eigentümer N: 1399	Mieter/Mieterinnen N: 1169	Mieter/Mieterinnen N: 510
Altersgruppe			
45–49	1675 Fr.	1490 Fr.	–
50–54	1398 Fr.	1355 Fr.	–
55–59	1208 Fr.	1297 Fr.	–
60–64	1019 Fr.	1205 Fr.	1196 Fr.
65–69	1022 Fr.	1169 Fr.	1158 Fr.
70–74	803 Fr.	1117 Fr.	1152 Fr.
75–79	895 Fr.	1091 Fr.	1099 Fr.
80+	–	–	988 Fr.

Bei Wohneigentum: Wohnkosten inkl. Hypothekarbelastung.
Bei Miete: Miete inkl. Nebenkosten.

in starkem Masse durch Unterschiede und Ungleichheiten charakterisiert, und auch die zukünftige Situation der älteren Bevölkerung wird durch enorme wirtschaftliche Ungleichheiten gekennzeichnet sein.

Bei genauer Analyse der Daten zeigt sich zudem, dass trotz verbesserter Einkommens- und Vermögenslage der Rentnerbevölkerung insgesamt weiterhin relativ viele ältere Menschen unter Einkommensschwäche leiden. Gut 21% aller Rentnerhaushalte müssen sich gemäss den vorliegenden Daten mit einem Einkommen begnügen, das weniger als 50% des Medianeinkommens ausmacht. Während sich die wirtschaftliche Lage für eine grosse Mehrheit älterer Menschen verbessert hat, hat sie sich für eine Minderheit eher verschlechtert. Der Anteil von Rentnerhaushalten, welche unter die von der Schweizerischen Konferenz für öffentliche Sozialhilfe (SKOS) definierten Armutsgrenze fallen, hat sich in den 1990er Jahren von 13% auf 17% erhöht. Ergänzungsleistungen zur AHV – zur Absicherung der wirtschaftlichen Existenz bei ungenügenden Renten – beanspruchten im Jahre 2000 9% der 65- bis 79-jährigen Menschen und 18% der 80-jährigen und älteren Menschen. Im hohen Lebensalter werden die Ergänzungsleistungen zur AHV häufig zur Abdeckung von Heimkosten notwendig, namentlich, wenn früher vorhandenes Vermögen pflegebedingt aufgebraucht werden musste.

Gut jeder sechste ältere Mieter erachtet seine Mietkosten als zu hoch.

Ein überdurchschnittliches Risiko von Einkommensschwäche im höheren Lebensalter weisen Menschen mit geringer schulisch-beruflicher Ausbildung und ungelernter Erwerbsarbeit auf. Dies trifft vielfach auf ältere Ausländer zu. Deshalb weisen ausländische AHV-Rentner ein doppelt so hohes Armutsrisiko auf als schweizerische AHV-Rentner (vgl. Höpflinger 1997b). Aufgrund geringerer Löhne während ihrer Erwerbsjahre und einer schlecht ausgebauten beruflichen Vorsorge müssen auch unverheiratete ältere Frauen oftmals mit weniger Geld auskommen als gleichaltrige Männer. Bei den allein lebenden Frauen liegen die verfügbaren Einkommen knapp 30% tiefer als diejenigen allein lebender Rentner (Stamm, Lamprecht 2003).

Da bei den heutigen Rentnern und Rentnerinnen viele gelernt haben, sparsam zu leben, ist der Anteil derjenigen, die mit ihrer finanziellen Lage unzufrieden sind, erstaunlich gering. Gemäss Einkommens- und Verbrauchserhebung 1998 sind nur 11% der zu Hause lebenden Rentner und Rentnerinnen mit ihrer finanziellen Lage nicht zufrieden, im Gegensatz etwa zu 21% der 15- bis 39-Jährigen (vgl. Bundesamt für Statistik 2002: 84). In der Wohnumfrage 2003 der Age Stiftung zeigten sich ähnliche Werte. Von den befragten 60-jährigen und älteren zu Hause lebenden Menschen erachteten nur gut 13% ihre aktuelle finanzielle Lage als schwierig. Zumindest ein Teil der einkommensschwachen älteren Menschen kommt auch mit relativ tiefen Einkommen über die Runde, da sie frühzeitig gelernt haben, mit Geld sparsam umzugehen. Ob dieses Verhalten auch bei zukünftigen Generationen zu beobachten sein wird, ist fraglich, da die jüngeren Generationen in vielen Bereichen anspruchsvoller geworden sind.

Eine wichtige – oft nicht wählbare – feste Ausgabe im Rentenalter sind die Wohnkosten (Miete inkl. Nebenkosten). Allerdings sind viele ältere Menschen langjährige Mieter, und sie profitieren damit von relativ günstigen Altmieten. Eine Analyse der Daten des Schweizerischen Haushaltspanels 1999/2000 zeigt signifikant tiefere monatliche Mietkosten bei der älteren Bevölkerung als bei der jüngeren Bevölkerung. Die durchschnittliche Mietbelastung zu Hause lebender Rentner und Rentnerinnen beläuft sich auf 1'100 bis 1'200 Franken (vgl. Tabelle 5).

Tendenziell abnehmende Wohnkosten im Alter werden auch bei Haus- und Wohneigentümern sichtbar. Die Wohnkosten älterer Eigentümer liegen tiefer als bei jüngeren Wohneigentümern, beispielsweise weil mehr ältere Eigentümer eine geringe Hypothekarverschuldung aufweisen. Während in den mittleren Lebensjahren Wohneigentümer oft höhere Wohnkosten aufweisen als Mieter, kehrt sich im höheren Lebensalter das Verhältnis um, und die Wohnkosten älterer Wohneigentümer liegen oftmals tiefer als die Wohnkosten gleichaltriger Mieter.

Gemäss den Daten der Einkommens- und Verbrauchserhebung 1998 entfielen bei den Rentnerhaushalten durchschnittlich 23% ihrer Haushaltsausgaben aufs Wohnen. Einen ähnlich hohen Anteil der Wohnkosten am Einkommen von 23% ergab sich bei Haushaltungen mit einer 65- bis 79-jährigen Bezugsperson auch gemäss dem Schweizerischen Haushaltspanel 1999/2000. Die (häufig nicht wählbare) Höhe der Wohnbelastung ist ein wesentlicher Faktor, der bei Rentnern und Rentnerinnen darüber bestimmt, ob sie finanziell besser oder schlechter gestellt sind. Nach eigenen Angaben erachten gemäss der Wohnumfrage 2003 17% der zu Hause lebenden über 60-jährigen Mieter ihre Mietkosten als zu hoch. Wirtschaftliche Probleme können sich vor allem bei erzwungenem Wohnungswechsel ergeben, etwa wenn eine kostengünstige Altwohnung abgerissen wird und eine teurere Neubauwohnung bezogen werden muss. Auch altersgerechte Wohnanpassungen sowie ein Umzug in ein Pflegeheim müssen in vielen Fällen mit höheren Wohnkosten erkauft werden. Die angegebenen durchschnittlichen Heimkosten der befragten Bewohner von Alters- und Pflegeheimen liegen bei gut 3000 Franken (mit einem angeführten Maximum von 8000 Fr.).

Phasen im höheren Lebensalter – und wechselnde Wohnbedürfnisse

Die traditionelle Einteilung in Erwerbstätige und Rentner ist angesichts der hohen Lebenserwartung zu grob geworden. Heute wird deshalb von mindestens vier Phasen im Lebenslauf älterer Erwachsener ausgegangen, wobei der Beginn der verschiedenen Lebensphasen individuell stark variiert (vgl. Lalive d'Epinay et al. 1997):

Erste Phase «Spätes Berufsleben, Auszug der Kinder und nahende Pensionierung»: Zwar sind Männer und Frauen in dieser Lebensphase meist weiterhin erwerbstätig, aber das Ende des Berufslebens und die Pensionierung rücken näher. Das Alter, in dem die Erwerbstätigkeit endet, variiert. In den letzten Jahrzehnten ist auch in der Schweiz die Zahl von Frühpensionierungen rasch angestiegen (vgl. Le Goff 1999). Im Jahre 2000 waren nahezu die Hälfte der Männer und mehr als ein Drittel der Frauen schon ein Jahr vor dem offiziellen AHV-Alter nicht mehr erwerbstätig (vgl. Widmer et al. 2002). Nur eine Minderheit bleibt nach dem offiziellen Rentenalter weiterhin erwerbstätig. Der Anteil der erwerbstätigen Personen im AHV-Alter ist in den letzten Jahrzehnten deutlich gesunken. Gemäss der Schweizerischen Arbeitskräfteerhebung waren im Jahre 2000 nur noch 8% der 65- bis 75-jährigen Männer vollzeitlich erwerbstätig, und weitere 9% waren teilzeitlich aktiv.

Die Zweiteilung in Erwerbstätige und Rentner ist aufgrund der hohen Lebenserwartung zu grob geworden.

Zwischen dem 50. und 65. Lebensjahr fällt häufig auch der Auszug der Kinder und damit der Beginn der so genannten nachelterlichen Lebensphase. Dies führt zumeist zu einer Verringerung der Haushaltsgrösse auf ein bis zwei Personen. Der Auszug der Kinder wird von einer wachsenden Minderheit älterer Menschen genutzt, um sich wohnmässig neu zu orientieren; sei es, dass ein nicht mehr benötigtes Kinderzimmer in ein Studio für eigene Aktivitäten umgewandelt wird; sei es, dass eine kleinere, aber modernere Wohnung bezogen wird. Vielfach werden Frauen und Männer in dieser Lebensphase mit der Geburt erster Enkelkinder beglückt, wobei die Rolle als Grossmutter bzw. Grossvater wichtige neue Erfahrungen mit der jüngsten Generation erlaubt (vgl. Attias-Donfut, Segalen 2001; Herlyn, Lehmann 1998).

Zweite Phase «Autonomes Rentenalter»: Diese Lebensphase ist einerseits durch eine Freisetzung von der Erwerbsarbeit, andererseits aber auch durch eine hohe soziale und persönliche Autonomie gekennzeichnet. Gute Gesundheit und hohe Kompetenzen erlauben es immer mehr jüngeren Rentnern und Rentnerinnen, diese Lebensphase nach eigenen Bedürfnissen zu gestalten und zu geniessen; sei es, dass Partnerbeziehung und Kontakte zu Freunden intensiver gepflegt werden; sei es, dass bisher aus Zeitgründen vernachlässigte Aktivitäten – Reisen, Hobbys, Freiwilligenarbeit usw. – häufiger ausgeübt werden. Diese Phase später Freiheit dauert je nach gesundheitlichem Befinden unterschiedlich lang. Die Dauer des aktiven Rentenalters ist auch von den finanziellen und psychischen Ressourcen abhängig.

In dieser Phase verbleibt die grosse Mehrheit der Menschen in ihrer angestammten Wohnung und Wohnumgebung. Die Wohnbedürfnisse gesunder, aktiver Rentner und Rentnerinnen sind vielfach ähnlich wie die Wohnbedürfnisse erwerbstätiger Erwachsener. Eine wachsende Minderheit orientiert sich jedoch nach der Pensionierung wohnräumlich neu (Abwanderung in den Süden u. a., vgl. Huber 2002).

Dritte Phase «Phase erhöhter Gefährdung» bzw. fragiles Rentenalter»: In dieser Lebensphase – die je nach Person früher oder später eintritt – verunmöglichen körperliche Einschränkungen zwar nicht ein eigenständiges Leben und Haushalten, aber sie erschweren es. Einschränkungen des Gehvermögens, Probleme mit dem Gleichgewicht oder ein eingeschränktes Seh- und Hörvermögen erzwingen einen neuen Lebensrhythmus, beispielsweise eine verstärkte Konzentration auf die eigene Wohnung und die nahe Wohnumgebung und einen Verzicht auf anstrengende Reisen usw. Aufgrund von Knochenbrüchigkeit (Osteoporose) erhöht sich im hohen Alter das Risiko, dass es bei einem Sturz zu einem Knochenbruch kommt. Sturzunfälle sind im hohen Lebensalter vor allem bei Frauen ein bedeutsames Risiko, wobei die überwiegende Mehrheit aller Sturz-unfälle im Haushalt geschieht (vgl. Beer et al. 2000).

Vielfach sind Menschen in dieser Lebensphase zwar nicht pflegebedürftig, aber in einigen Tätigkeiten des Alltags auf regelmässige Hilfe angewiesen, beispielsweise bei grösseren Einkäufen oder beim Putzen von Fenstern usw. In dieser Lebensphase müssen Menschen bei oft noch guten geistigen Fähigkeiten die Grenzen und Einschränkungen des alternden menschlichen Körpers akzeptieren. Ein selbstständiges Leben und Haushalten ist immer noch möglich, aber vieles wird beschwerlicher. Rheumatische und arthritische Beschwerden beispielsweise erschweren früher problemlose Handreichungen und Haushaltsaktivitäten, und für viele Haushaltstätigkeiten wird mehr Zeit als früher benötigt. Dabei zeigt sich, dass in dieser Lebensphase

das psychische Wohlbefinden stark durch die mentale Kraft einer Person bestimmt wird (vgl. Perrig-Chiello 1997).

Gleichzeitig stellt sich die Frage nach dem «wie lange noch» in aller Heftigkeit. Generell haben ältere Menschen auch bei auftretender Hilfsbedürftigkeit ein starkes Bedürfnis nach Erhaltung von Selbstständigkeit und Selbstbestimmung, wobei aufgrund des wachsenden Selbstbewusstseins älterer Menschen diese Selbstbestimmung heute verstärkt eingefordert wird. Dazu gehört die Forderung nach einer stärkeren Mitwirkung bei der Gestaltung ihrer Wohnumwelt im Alter. Es ist im fragilen Rentenalter, wo Wohnanpassungen, aber auch Erleichterungen in der Wohnumgebung – wie leicht zu bedienende Fahrkartenautomaten, rutschfeste Spazierwege, nahe Einkaufsmöglichkeiten usw. – besonders zentral werden. Bei Wohnanpassungen existieren zwei grundsätzlich unterschiedliche Möglichkeiten: Einerseits kann eine individuelle Wohnanpassung vorgenommen werden, etwa zur Optimierung der Wohnsituation auf die Anforderungen des hohen Lebensalters; zum Beispiel gut beleuchtete Treppenhäuser, um Sturzunfälle zu vermeiden; automatisierte Eingangstüren und Abbau von Türschwellen, um Gehprobleme zu kompensieren usw. (vgl. Bohn 2001). Andererseits kann eine ganze Siedlung oder zumindest ein ganzer Gebäudekomplex auf die spezifischen Bedürfnisse hochaltriger Menschen ausgerichtet werden, am besten präventiv schon beim Bau, wie dies bei Alterswohnungen oder altersgerechten Wohnanlagen der Fall ist.

Bisherige Studien über Anpassungsmassnahmen in Wohnungen älterer Menschen lassen erkennen, dass zwei Aspekte für eine erfolgreiche Durchführung solcher Anpassungsmassnahmen besonders bedeutsam sind (vgl. Gitlin 1998): Erstens ist der Erfolg von Veränderungsmassnahmen umso grösser, je früher und stärker die entsprechenden Zielgruppen einbezogen werden und die Veränderungen zu ihrer eigenen Sache machen. Zweitens sind die sozialen, geistigen und körperlichen Kompetenzen älterer Menschen mitentscheidend. Je geringer die entsprechenden Fähigkeiten der Bewohnerinnen und Bewohner sind, umso höher sind die Anforderungen an eine altersgerechte Umwelt, da eine gute Umweltgestaltung die fehlenden Fähigkeiten kompensieren muss. Entsprechend intensiv sind bei älteren Menschen mit weniger Kompetenzen die notwendigen Anpassungsmassnahmen und Beratungsprozesse. Dazu gehört auch eine ständige Überprüfung des Erfolgs von durchgeführten Massnahmen.

Vierte Phase «Abhängiges Alter» (Pflegebedürftigkeit): Menschen in dieser Lebensphase sind nicht mehr in der Lage, selbstständig zu haushalten; sei es aufgrund körperlicher Einschränkungen oder sei es aufgrund hirnorganischer Störungen (Demenz). Selbst bei einfachen Alltagsaktivitäten – sich waschen, essen, zu Bett gehen u. a. – sind diese Menschen auf Hilfe und Pflege angewiesen. Diese Phase der Pflegebedürftigkeit wird meist angesprochen, wenn das Stichwort «Alter» angeführt wird. Dabei ist es wichtig festzuhalten, dass nicht alle Menschen im hohen Alter abhängig und pflegebedürftig sind. Auch werden nicht alle Menschen im Laufe des Lebens oder gegen Ende ihres Lebens pflegebedürftig. Trotzdem ist nicht zu verkennen, dass das Risiko von Pflegebedürftigkeit im hohen Lebensalter rasch ansteigt. Aufgrund der demografischen Alterung ist mit einem Anstieg der Zahl pflegebedürftiger älterer Frauen und Männer zu rechnen, und zwar auch dann, wenn zukünftige Generationen älterer Menschen länger als bisher gesund verbleiben (vgl. Höpflinger, Hugentobler 2003). Obwohl einige Menschen auch aus wirtschaftlichen oder sozialen Gründen in ein Alters- und Pflegeheim wechseln – etwa weil ihnen die bisherige Wohnung gekündigt wurde oder um nach dem Tod einer Partnerin nicht zu vereinsamen – ist Pflegebedürftigkeit heute die wichtigste Ursache für einen Umzug in eine Alters- und Pflegeeinrichtung.

Häufigkeit von Pflegebedürftigkeit im Alter

Im hohen Lebensalter ist Pflegebedürftigkeit selten nur auf eine Ursache zurückzuführen, sondern sie ergibt sich häufig aus dem Zusammenwirken körperlicher, sensorischer und hirnorganischer Erkrankungen und Einschränkungen (Multimorbidität). Der Grad an Hilfs- und Pflegebedürftigkeit bei körperlichen Einschränkungen wird aber auch durch äussere Faktoren bestimmt. Beim Vorhandensein einer rollstuhlgängigen und angepassten Wohnung kann beispielsweise eine körperlich schwer eingeschränkte Frau den Haushalt durchaus weiterhin selbstständig bewältigen.

Chronische Krankheiten, die im höheren Lebensalter zu funktionalen Einschränkungen und Behinderungen führen, sind namentlich demenzielle Erkrankungen (wie Alzheimer Krankheit), Hirnschlag, Frakturen (namentlich aufgrund von Sturzunfällen), Sehbehinderungen, Durchblutungsstörungen, Herzkrankheiten und rheumatische Erkrankungen (vgl. Mager 1999; Stuck 2000). Pflegebedürftigkeit betrifft heute vorwiegend alte Menschen. Über 60% aller pflegebedürftigen Erwachsenen sind älter als 80 Jahre. Da mehr Frauen als Männer ein hohes Alter erreichen, handelt es sich auch hier mehrheitlich um Frauen.

Gut jeder zehnte ältere Mensch ist pflegebedürftig, wobei das Risiko von Pflegebedürftigkeit im hohen Lebensalter ansteigt.

Pflegebedürftigkeit wird heute zumeist im Sinn einer elementaren Unfähigkeit definiert, selbstständig alltägliche Aktivitäten zu verrichten, wie sich an- und auskleiden, zu Bett gehen oder sich zu waschen. Auf dieser Definition basiert die Auszahlung einer Hilflosenentschädigung, zusätzlich zur AHV, die gegenwärtig von rund 9% der über 80-jährigen Menschen in Anspruch genommen wird. Eine Hilflosenentschädigung zur AHV wird – unabhängig von Einkommen und Vermögen – gewährt, wenn die Hilflosigkeit mindestens ein Jahr ununterbrochen andauert und trotz der Verwendung von Hilfsmitteln bei den folgenden täglichen Verrichtungen die Hilfe Dritter in Anspruch genommen werden muss:

1 An- und Auskleiden,
2 Aufstehen, Hinsetzen, Hinlegen (inkl. zu Bett gehen oder Bett verlassen),
3 Essen,
4 Körperpflege (waschen, kämmen, rasieren, baden),
5 Verrichtung der Notdurft,
6 Fortbewegung (innerhalb oder ausserhalb des Hauses) und Kontaktaufnahme.

Als leicht Hilflose gelten Personen, die zwei Verrichtungen nicht mehr allein bewältigen können. Mittlere Hilflosigkeit ist bei vier von sechs Kriterien gegeben, und schwere Hilflosigkeit liegt bei sechs negativen Kriterien vor.

Die Wartefrist von einem Jahr sowie die Tatsache, dass eine Hilflosenentschädigung beansprucht werden muss, führt dazu, dass nur rund ein Drittel der älteren pflegebedürftigen Menschen eine Hilflosenentschädigung beansprucht.

Demenzerkrankungen bieten eine besondere Herausforderung für Pflege und Wohngestaltung, da demenzkranke Menschen im Verlauf ihrer Krankheit unterschiedliche Erlebniswelten durchlaufen.

Da sich viele Erhebungen – wie etwa die Schweizerischen Gesundheitsbefragungen – auf die in Privathaushaltungen lebenden Menschen beschränken, sind Angaben über die Zahl älterer pflegebedürftiger Menschen – unabhängig von ihrer Wohnform – dünn gesät. Eine im Rahmen des Schweizerischen Gesundheitsobservatoriums durchgeführte Forschungsarbeit liess nach Durchsicht vorhandener epidemiologischer und gerontologischer Daten für die Schweiz erkennen, dass gegenwärtig 9.8% bis 11.4% der 65-jährigen und älteren Menschen als pflegebedürftig einzustufen sind (vgl. Höpflinger, Hugentobler 2003). Dies betrifft hochgerechnet gesamtschweizerisch zwischen 109'000 bis 126'000 ältere Menschen. Bis zum Alter von 74 Jahren sind deutlich weniger als 10% der Menschen pflegebedürftig. Bei den 75- bis 79-jährigen Personen sind zwischen 8% bis 10% pflegebedürftig. Der Anteil der Pflegebedürftigen steigt hingegen bei den 80- bis 84-jährigen Menschen auf 18% bis 20% an, und im Alter von über 85 Jahren sind um die 35% aller Menschen von Pflegebedürftigkeit betroffen, d. h. nicht mehr in der Lage, ihr Alltagsleben selbstständig zu bewältigen. Umgekehrt formuliert sind jedoch auch bei den über 85-jährigen Menschen gut zwei Drittel weiterhin in der Lage, ihr Alltagsleben weitgehend selbstständig zu gestalten, wobei günstige Wohnbedingungen den Erhalt der Alltagsautonomie in dieser Lebensphase entscheidend beeinflussen.

Auch wenn nicht alle von demenziellen Erkrankungen betroffenen Menschen pflegebedürftig sind, bilden hirnorganische Störungen (Alzheimer Erkrankung, Parkinson Erkrankung usw.) dennoch eine wichtige Ursache von Pflegebedürftigkeit im hohen Lebensalter. Mindestens die Hälfte – und möglicherweise sogar mehr – aller pflegebedürftigen älteren Menschen leidet an demenziellen Erkrankungen. Demenzielle Erkrankungen treten vor allem im hohen Lebensalter auf. Weil die Zahl der über 80- bzw. über 90-jährigen Menschen rasch ansteigt, bilden Pflege und Wohnformen für demenzerkrankte Menschen eine zentrale Thematik der zukünftigen Altersarbeit und Alterspolitik.

Da die kognitiven und geistigen Fähigkeiten zur Alltagsbewältigung bei demenziellen Erkrankungen nachlassen und in späteren Phasen weitgehend verloren gehen, können auch Wohnanpassungen den Weg in die Abhängigkeit nicht verhindern, sondern höchstens mildern. Im vierten Bericht des deutschen Bundesministeriums für Familie, Senioren, Frauen und Jugend (2002: 115) wird in diesem Rahmen festgestellt, dass bei demenziellen Erkrankungen selbst Formen betreuten Wohnens nicht mehr genügen (vgl. Kapitel 6). Als Alternative zu traditionellen stationären Pflegeheimen sind für demenzerkrankte Menschen primär Wohnformen optimal, die intensive persönliche Hilfe und Pflege in einem übersichtlichen, gemeinschaftlichen Rahmen mit räumlich-technischen Massnahmen (wie Orientierungshilfen, sicherer Zugang zu Zimmern usw.) kombinieren. Dabei ist zentral, dass sich Betreuung und Wohnraumgestaltung dem Verlauf der Demenzerkrankung flexibel anpassen, da demenzkranke Menschen im Verlauf ihrer Krankheit unterschiedliche Erlebniswelten durchlaufen (vgl. Heeg 2000; Held, Ermini-Fünfschilling 2003). Eine Möglichkeit der Betreuung demenzerkrankter alter Menschen bieten Pflegewohngruppen, wie sie in Kapitel 6 vorgestellt werden.

3 Lebens- und Haushaltsformen in späteren Lebensphasen

Wandel der Haushaltssituation im Lebenslauf

Die Lebens- und Haushaltsform verändert sich zwangsläufig im Lauf des Lebens, und damit verändern sich auch die Wohnbedürfnisse im Lebenslauf: Junge Frauen und Männer leben nach dem Auszug aus dem Elternhaus häufig entweder allein oder in einer nichtehelichen Lebensgemeinschaft. Im jüngeren Erwachsenenalter kommt es aufgrund der Geburt von Kindern zu einer Ausdehnung der Haushaltsgrösse. In dieser Lebensphase wird häufig eine grössere, familiengerechte Wohnung bezogen. Mit dem Erwachsenwerden der Kinder verringert sich die Zahl von Haushaltsmitgliedern erneut. Die Kinder ziehen aus, und die Eltern leben häufig erneut in einem Zweipersonenhaushalt. Für allein erziehende Mütter bedeutet der Auszug der Kinder hingegen oft der Beginn des Alleinlebens. Dieselbe Wirkung hat in späteren Lebensjahren vielfach auch eine Ehescheidung.

Wohnbedürfnisse von Menschen verändern sich im Laufe des Lebens.

In einer Gesellschaft wie der Schweiz, wo es unüblich ist, dass erwachsene Kinder mit ihren Eltern zusammenleben, ist das spätere Lebensalter durch eine starke Konzentration auf Klein- und Kleinsthaushalte (Einpersonen- und Zweipersonenhaushalte) gekennzeichnet. Der Tod des Ehepartners oder der Ehepartnerin verstärkt im höheren Lebensalter den Trend zum Alleinleben, aufgrund der höheren weiblichen Lebenserwartung namentlich bei den Frauen. Lebensform und Wohnbedürfnisse sind eng verhängt.

Tabelle 6 illustriert sehr schön den lebenszyklischen Wandel der Haushaltssituation bei 50- bis 79-jährigen Menschen in der Schweiz: Ab dem Alter von 50 Jahren steigt der Anteil von Paaren, deren Kinder ausgezogen sind. Der Anteil von Rentnern und Rentnerinnen, die mit volljährigen Kindern zusammenleben, ist gering. Bei gut drei Viertel der 60- bis 69-jährigen Menschen leben Kinder ausserhalb des elterlichen Haushalts. Auch gemäss der Wohnumfrage 2003 leben nur 8% der zu Hause lebenden Rentner und Rentnerinnen im gleichen Haushalt mit einem ihrer Kinder. Erst im hohen Lebensalter steigt der Anteil von Frauen und Männern wieder leicht an, die bei einem der Kinder leben, beispielsweise aufgrund von Hilfs- und Pflegebedürftigkeit.

Tabelle 6

Haushaltszusammensetzung bei 50- bis 79-jährigen zu Hause lebenden Menschen in der Schweiz 1999/2000

	Alter der befragten Personen					
Jahre:	50–54	55–59	60–64	65–69	70–74	75–79
N:	714	531	425	376	298	192
Anteil						
– in Einpersonenhaushalt	15%	18%	21%	22%	39%	48%
– Paar ohne Kinder im Haushalt	34%	52%	63%	68%	53%	50%
– mit minderjährigem/n Kind/ern*	21%	7%	3%	1%	1%	0
– mit volljährigem/n Kind/ern*	43%	28%	14%	8%	6%	2%
– mit Kindern ausserhalb Haushalt	56%	73%	81%	79%	79%	73%

* Da ein Paar sowohl minderjährige wie volljährige Kinder im Haushalt aufweisen kann, ergibt die Summe aller Kolonnen mehr als 100%.

Datenquelle: Schweiz. Haushaltspanel 1999 (Direktbefragte Personen in Privathaushaltungen; Sept. 1999 bis Feb. 2000).

Mit steigendem Lebensalter nimmt der Anteil allein lebender Menschen deutlich zu, primär aufgrund eines Partnerverlusts durch Verwitwung. Im höheren Lebensalter leben vor allem Frauen häufig allein. Zum einen erleiden Frauen aufgrund ihrer höheren Lebenserwartung im Alter häufiger eine Verwitwung als Männer. Zum anderen gehen Frauen in späteren Lebensjahren seltener als Männer eine neue Partnerbeziehung ein (vgl. Sauvain-Dugerdil et al. 1997; Streuli 2002).

Daneben steigt im hohen Lebensalter der Anteil der Alters- und Pflegeheimbewohner rasch an. Während das autonome Rentenalter gegenwärtig durch eine starke Konzentration auf Kleinhaushalte von ein bis zwei Personen bestimmt ist, gewinnen bei hochaltrigen Menschen institutionelle Wohnformen vermehrt an Bedeutung. Tabelle 7 verdeutlicht die im höheren Lebensalter auftretende Polarisierung in Kleinsthaushaltungen einerseits und kollektiven Wohneinrichtungen andererseits. So leben gemäss der Wohnumfrage 2003 einerseits mehr als 40% der 80-jährigen und älteren Menschen allein. Rund ein Drittel lebt (weiterhin) in einem Paarhaushalt, und etwas mehr als ein Fünftel wohnt in Alters- und Pflegeeinrichtungen. Weniger als 5% der hochaltrigen Menschen leben heute in einem privaten Haushalt mit mehr als zwei Personen (Mehrgenerationen-Familie, private Alterswohngemeinschaft usw.).

Tabelle 7

Verteilung der älteren Bevölkerung insgesamt nach Haushaltsgrösse 2003

	Alter		
Jahre:	60–69	70–79	80+
Privat: Allein lebend	21%	30%	42%
Privat: Paarhaushalt	65%	61%	32%
Privat: Drei und mehr Personen	12%	5%	4%
Kollektiv: Alters- und Pflegeeinrichtungen	2%	4%	22%

Wohnumfrage 2003 der Age Stiftung, gewichtete Verteilung (N: 1248).

Bedeutsame Veränderungen in der Haushaltslage älterer Menschen

In den letzten Jahrzehnten ergaben sich in der Haushaltslage älterer Menschen vor allem vier zentrale Veränderungen (vgl. Höpflinger, Stuckelberger 1999).

Erstens erhöhte sich der Anteil älterer Männer und Frauen, welche in einem Einpersonenhaushalt leben (vgl. Streuli 2002). Während 1960 erst 7% der 65- bis 74-jährigen Männer allein lebten, waren dies 2000 schon mehr als 15%. Und bei den 65- bis 74-jährigen Frauen verdoppelte sich der Anteil der Alleinlebenden in der gleichen Periode von 21% auf über 45%. Die Entwicklung zum Alleinleben – hie und da als Singularisierung des Alters bezeichnet – hat mit einer verbesserten wirtschaftlichen und sozialen Selbstständigkeit sowie einer verstärkten Individualisierung neuer Rentnergenerationen zu tun. Aus diesen Gründen hat sich die Attraktivität dieser Lebensform in den letzten Jahren auch bei Rentnern und Rentnerinnen erhöht. Beurteilten in der Univox-Umfrage im Jahre 1994 nur 36% der 65- bis 84-jährigen Schweizer und Schweizerinnen das Alleinleben positiv, waren dies im Jahre 2002 schon 50%.

Der Trend zu mehr Einpersonenhaushaltungen ist nicht von vornherein negativ zu bewerten, selbst wenn damit das Risiko von Vereinsamung ansteigt. Für manche ältere Menschen weist das Leben in einer eigenen Wohnung den grossen Vorteil auf, dass sie damit den privaten Freiraum im eigenen Haushalt mit haushaltsexternen sozialen Beziehungen individuell kombinieren können. Eine negative Bewertung dieser Entwicklung ergibt sich nur, wenn das Wohnen in einem Einpersonenhaushalt von vornherein mit Alleinleben und sozialer Isolation gleichgesetzt wird. Faktisch hat jedoch die grosse Mehrheit älterer Menschen in Einpersonenhaushalten durchaus gute Kontakte zu Angehörigen, Freunden oder Nachbarn.

Zweitens hat sich der Anteil älterer Menschen erhöht, die in einem Paarhaushalt leben – im Gegensatz zur erhöhten Scheidungshäufigkeit bei jüngeren Generationen. Dies hat viel damit zu tun, dass es sich bei den heute älteren Menschen um vergleichs-

Vor allem Männer leben auch im Alter häufig in einer Paarbeziehung.

weise ehefreundliche Generationen handelt. Im Vergleich zu ihren Eltern, aber auch zu ihren Kindern haben die Rentner und Rentnerinnen, die in den 1950er und frühen 1960er Jahren jung waren, sehr häufig geheiratet und Kinder zur Welt gebracht. Zudem war und ist eine Scheidung bei diesen Generationen weniger üblich als bei jüngeren Generationen, wodurch sich bei heutigen älteren Menschen viele langjährige Ehebeziehungen ergeben. Gleichzeitig hat die Erhöhung der Lebenserwartung dazu beigetragen, dass gemeinsames Zusammenleben länger dauert als früher bzw. Frauen und Männer später verwitwet werden.

In Tabelle 8 ist der Anteil der in einer Partnerbeziehung lebenden älteren Frauen und Männer aufgeführt, wobei verheiratete Personen und nicht-verheiratet zusammenlebende Personen berücksichtigt sind. Bei der überwiegenden Mehrheit der älteren Paaren handelt es sich um Ehepaare, wobei namentlich bei Männern Zweitehen nicht selten sind. Aber auch bei Rentnern wird ein nichteheliches Zusammenleben häufiger, und von den 60- bis 64-jährigen Menschen leben gegenwärtig fast 4% unverheiratet zusammen.

Sehr auffallend sind die Unterschiede zwischen Frauen und Männern, die sich in späten Lebensjahren stark ausweiten. So lebt eine Mehrheit (58%) der 85- bis 89-jährigen Männer in einer Paarbeziehung, wodurch sozusagen auch ihre Alterspflege garantiert ist. Bei den gleichaltrigen Frauen beträgt der Anteil mit Partner nur 13%, und über 70% dieser Frauen sind verwitwet. Die enormen geschlechtsspezifischen Unterschiede in der Lebensform im hohen Alter sind auf drei Faktoren zurückzuführen (vgl. Höpflinger 1994, 2002). Erstens leben Frauen länger als Männer. Zweitens heiraten Männer zumeist eine jüngere Frau, wodurch sich das relative Verwitwungsrisiko von Frauen zusätzlich erhöht. Drittens gehen ältere Männer nach einer Scheidung oder Verwitwung häufiger als Frauen eine neue Partnerbeziehung ein; sei es, weil Männer stärker auf weibliche Haushaltsunterstützung angewiesen sind; sei es, weil ältere Männer – als Minderheit – im Alter mehr Chancen haben, eine neue Partnerschaft aufzubauen.

Drittens hat sich der Anteil älterer Frauen und Männer reduziert, die mit oder bei einem ihrer Kinder wohnen. Gesamtschweizerisch sank der Anteil der 65-jährigen und älteren Menschen, welche mit Kindern zusammen wohnen, zwischen 1960 und 2000 von 27% auf unter 10%. Selbst in ländlichen Regionen ist ein Zusammenleben älterer Menschen mit ihren Kindern seltener geworden. Diese Entwicklung widerspiegelt weniger eine abnehmende Bereitschaft von Kindern, ihre Eltern bei sich aufzunehmen, als die Tatsache, dass die heutigen älteren Menschen ihre persönliche Selbstständigkeit hoch bewerten. Viele ältere Menschen wollen nicht von ihren Kindern abhängig sein. Die Wohlstandsentwicklung der letzten Jahrzehnte hat dazu beigetragen, dass Alt und Jung nicht mehr gezwungen sind, unter dem gleichen Dach zu wohnen und gemeinsam zu haushalten. Das oft beschworene traditionelle Bild einer Mehrgenerationen-

Tabelle 8

Partnerbeziehung nach Alter und Geschlecht, 1980–2000

(Anteile in Paarbeziehung*)

	Altersgruppen 60–64	65–69	70–74	75–79	80–84	85–89	90+
Männer							
1980	83%	81%	76%	69%	58%	45%	30%
1990	84%	82%	79%	73%	64%	51%	35%
2000	86%	84%	81%	76%	69%	58%	43%
Frauen							
1980	64%	54%	42%	29%	17%	9%	3%
1990	67%	57%	45%	33%	21%	11%	4%
2000	70%	63%	53%	37%	24%	13%	6%

*Verheiratete Personen und nicht-verheiratet zusammenlebende Personen.

Quelle: Schweiz. Bevölkerungsbewegung + Schweiz. Haushaltspaneldaten für 2000.

Nur wenig ältere Menschen leben mit ihren Kindern im gleichen Haushalt. Vorherrschend ist das Prinzip «Intimität auf Abstand».

Familie war faktisch alles andere als ideal, sondern oft mit wirtschaftlicher Armut und beengten Wohnverhältnissen verbunden. Neuere Studien weisen darauf hin, dass getrenntes Wohnen und Haushalten die Beziehungen zwischen erwachsenen Kindern und ihren älteren Eltern eher verbessert als verschlechtert haben. Das selbstständige Haushalten jüngerer und älterer Generationen wird heute oft mit Intimität auf Distanz kombiniert: Zwischen den Generationen bestehen gute und enge Beziehungen, gerade weil jede Generation ihre eigene Privatsphäre geniesst (vgl. Höpflinger 1999; Kohli et al. 2000; Szydlik 2000).

Viertens zeigt sich ein deutlicher Rückgang in Zahl und Anteil so genannter komplexer privater Haushaltsformen. Das Zusammenleben mit anderen verwandten Personen (z. B. Geschwistern) sowie mit nicht verwandten Personen ist selten geworden. Von allen in privaten Haushaltungen lebenden Personen im Alter von 60 bis 79 Jahren wohnen nur 1%–2% mit Geschwistern, Neffen, Nichten oder anderen Verwandten zusammen. Und weniger als 1% der 60- bis 79-Jährigen leben mit nicht verwandten Personen zusammen. Alterswohngemeinschaften – im Sinn des Zusammenlebens nicht verwandter Personen – sind bei der älteren Generation noch wenig verbreitet. Auch darin spiegeln sich Prozesse der Individualisierung und einer hohen Bewertung der persönlichen Autonomie bei heutigen Rentnergenerationen. Die Idee des gemeinschaftlichen Wohnens geniesst erst bei jüngeren Generationen vermehrte Sympathien. So beurteilen gemäss Univox-Umfrage 2002 nur 35% der 65- bis 84-jährigen Schweizer und Schweizerinnen eine Wohngemeinschaft unter positiven Vorzeichen, gegenüber 43% bei den 40- bis 64-Jährigen und 60% bei den 18- bis 39-Jährigen.

Die Lebens- und Haushaltsformen in späteren Lebensphasen werden somit nicht allein vom Alter oder vom Lebenszyklus (erwerbstätig oder pensioniert) bestimmt, sondern sie sind auch von den Generationenerfahrungen der Menschen geprägt. Aus diesem Grund werden die Lebens- und Haushaltsformen zukünftiger Rentner und Rentnerinnen ein anderes Gesicht aufweisen als bei den heute das Alter bestimmenden ehefreundlichen Generationen. So ist zu vermuten, dass die Akzeptanz innovativer und gemeinschaftlicher Lebens- und Wohnformen bei zukünftigen Generationen älterer Menschen höher sein wird, als dies gegenwärtig zu beobachten ist (vgl. auch Kapitel 6).

Insgesamt betrachtet ergibt sich das Bild einer ausgesprochen individualisierten Wohn- und Lebensweise der heute älteren Bevölkerung. Dies gilt vor allem für die 65- bis 79-jährigen Frauen und Männer. Neben dem Alleinleben hat bei diesen Generationen von Menschen vor allem die Paarbeziehung bzw. die Ehe in ihrer traditionellen Form einen hohen Stellenwert. Dies hat – wie erwähnt – viel damit zu tun, dass diese Frauen und Männer in ihrer Jugend und ihrem jungen Erwachsenenalter vom traditionellen Idealbild der Ehe und Familie geprägt wurden. Entsprechend bevorzugen gemäss Univox-Befragung 2002 65% der 65- bis 84-jährigen Frauen und Männer die traditionelle eheliche Arbeitsteilung (Mann arbeitet und Frau sorgt für Kinder und Haushalt). Bei den jüngeren Generationen geniesst dagegen das partnerschaftliche Familienmodell (beide Partner sind berufstätig und teilen sich in der Familienarbeit) mehrheitliche Unterstützung: 57% bei den 40- bis 64-Jährigen und 66% bei den 18- bis 39-Jährigen.

Insgesamt ergibt sich das Bild einer individualisierten Wohn- und Lebensweise heutiger älterer Menschen.

Trotzdem benützen schon heute nicht wenige Ehepaare die Pensionierung dazu, nicht nur die Ehebeziehung, sondern auch die Hausarbeit neu zu gestalten. So zeigte eine Sonderauswertung der Schweizerischen Arbeitskräfteerhebung 1997, dass sich der Anteil der Paare mit gemeinsamer Verantwortung für die Hausarbeit um das Pensionierungsalter deutlich erhöhte. Während bei den 40- bis 64-jährigen Paaren nur 10% die Hausarbeit gemeinsam verrichteten, waren es 17% der 65- bis 74-jährigen Paare (vgl. Bühlmann et al. 1999: 17). In Zukunft dürften noch mehr Männer im höheren Lebensalter die Vorteile einer partnerschaftlichen Arbeitsverteilung entdecken. Im hohen Lebensalter werden partnerschaftliche Unterstützung und gegenseitige Hilfe in alltäglichen Dingen des Lebens zudem bedeutsam, um altersbedingte Einbussen zu kompensieren.

Wohnen in Alters- und Pflegeeinrichtungen – allgemeine Entwicklung

Im Rahmen der schweizerischen Haushaltsstatistik wird zwischen Privat- und Kollektivhaushaltungen unterschieden. Die Privathaushaltungen umfassen alle privat organisierten Haushalte unabhängig von ihrer sozialen Zusammensetzung. So werden statistisch auch Alterswohngemeinschaften zu den Privathaushaltungen gezählt. Die Kollektivhaushaltungen umfassen dagegen alle institutionellen Wohnformen. Zu den Kollektivhaushaltungen gehören Gefängnisse und Klöster sowie Spitäler, psychiatrische Kliniken und Heime aller Art.

Im höheren Lebensalter wird insbesondere das Wohnen in Alters- und Pflegeheimen häufiger (vgl. Tabelle 9). Bis zum Alter von 75 bis 79 Jahren leben um die 94% der Menschen weiterhin in privaten Haushaltungen. Der Anteil von jüngeren Rentnern und Rentnerinnen, die in Alters- und Pflegeeinrichtungen wohnen, hat sich in den letzten Jahrzehnten verringert. 1970 lebten beispielsweise nahezu 9% der 75- bis 79-jährigen Menschen in kollektiven Haushaltungen. Im Jahre 2000 waren es hingegen nur noch 5.7%. Menschen bleiben heute länger zu Hause, in ihrer angestammten Wohnung. Entsprechend ist das Alter beim Übertritt in eine Alters- und Pflegeeinrichtung deutlich angestiegen. 70% der im Jahre 2000 gezählten Bewohner und Bewohnerinnen von Alters- und Pflegeeinrichtungen waren älter als 80 Jahre, und gut 23% waren älter als 90 Jahre.

Gut jeder fünfte Mensch im Alter von 80 Jahren und älter lebt in Alters- und Pflegeeinrichtungen.

Eine starke Zunahme institutioneller Wohnformen zeigt sich primär nach dem Alter von 80 Jahren. Von den 80- bis 84-jährigen Menschen leben um die 13% in institutionellen Haushaltungen. In der Gruppe der 85- bis 89-Jährigen sind es schon gut 26%, um bei der kleinen Minderheit hochbetagter 90- bis 94-jähriger Menschen den Wert von 43% zu erreichen. Und wer länger lebt als 95 Jahre, wohnt mehrheitlich – zu 58% – in Alters- und Pflegeeinrichtungen.

Insgesamt wohnen gesamtschweizerisch 22.3% der über 80-jährigen Menschen in kollektiven Haushaltungen, wovon 20.5% in sozio-medizinischen Einrichtungen im engeren Sinn leben. Bei den Frauen ist der Anteil der Bewohnerinnen institutioneller Wohneinrichtungen in allen Altersgruppen höher als bei den Männern. Während nur gut jeder Siebte über 80-jährige Mann in einer Alters- und Pflegeeinrichtung wohnt, ist dies bei den Frauen mehr als jede Vierte. Dafür verantwortlich ist zum einen die Tatsache, dass Frauen länger leben als Männer. Zum anderen ist die Tatsache von Bedeutung, dass Frauen im Alter häufiger an chronischen Beschwerden leiden als Männer. Zudem können ältere Männer häufiger als gleichaltrige Frauen auf eine familiale Pflegeperson (Ehepartnerin, Tochter, Schwiegertochter u. a.) zurückgreifen. Die überwiegende Mehrheit der Bewohner von Alters- und Pflegeeinrichtungen ist damit weiblich. Gesamt-

Tabelle 9

Ältere Menschen in institutionellen Haushaltungen 1990 und 2000

Anteil derjenigen (in %), die in institutionellen Haushaltungen wohnen*

	1990	2000			
Alter	Insgesamt	Männer	Frauen	Insgesamt	In sozio-mediz. Einricht.
65–69 J.	2.0	2.1	2.3	2.2	0.9
70–74 J.	3.5	2.7	3.2	3.0	1.8
75–79 J.	6.6	4.3	6.6	5.7	4.3
80–84 J.	14.4	8.7	14.8	12.6	11.1
85–89 J.	27.8	17.7	29.6	25.9	23.6
90–94 J.	42.6	29.7	47.2	42.8	40.4
95 J. u.ä.	53.3	40.9	62.3	58.3	58.3
65+ Jahre	8.4	5.3	10.6	8.5	7.1
80+ Jahre	21.8	14.2	26.3	22.3	20.5

* Institutionelle Haushalte: Alters- und Pflegeheime, Spitäler, aber auch Klöster, Hotels, Gefängnisse. Sozio-medizinische Einrichtungen: Alters- und Pflegeheime, andere Heime für Chronischkranke und Pflegebedürftige.

Quelle: Volkszählungen 1990 und 2000; Statistik sozio-mediz. Einrichtungen 2000.

schweizerisch kommt in heutigen Alters- und Pflegeheimen auf vier Frauen nur ein Mann. Weil auch das Personal hauptsächlich weiblich ist, handelt es sich bei Alters- und Pflegeheimen um stark weiblich geprägte Wohn- und Lebenswelten. Allein in Regionen, in denen viele unverheiratete, wenig qualifizierte ältere Männer leben – wie etwa in ehemals industriell-gewerblich dominierten Regionen der Schweiz – ist der Männeranteil in Alters- und Pflegeheimen etwas höher.

Aufgrund des Trends zum längeren Verbleiben älterer Menschen in ihrer angestammten privaten Wohnung und dem Ausbau ambulanter Alterspflege haben sich die stationären Alterseinrichtungen immer mehr zu Pflegeeinrichtungen für hochaltrige, pflegebedürftige Menschen entwickelt. 1973 verteilten sich die Heimplätze für ältere Menschen zu 71% auf Altersheime und zu 29% auf Pflegeheime (vgl. Eidg. Kommission für Altersfragen 1979). Heute leben nur noch rund 3% der Heimbewohner in eigentlichen Altersheimen ohne Pflegestrukturen. Der spezielle Charakter heutiger Alters- und Pflegeheime wird durch die Tatsache verstärkt, dass Personen mit psychischen Problemen übervertreten sind. So zeigt eine Analyse von Genfer und Walliser Alterseinrichtungen, dass in stationären Alterseinrichtungen doppelt so viele Menschen an depressiven Störungen leiden als bei gleichaltrigen zu Hause lebenden Menschen (vgl. Cavalli 2002).

Pflegebedürftigkeit ist heute der wichtigste Einzelfaktor, der zu einem Übertritt in eine stationäre Alters- und Pflegeeinrichtung führt. Aber auch andere Faktoren beeinflussen einen Heimeintritt (vgl. Cavalli 2002, Wehrli-Schindler 1997). Zu erwähnen sind namentlich:

a) Das Fehlen eines Partners bzw. einer Partnerin sowie lückenhafte soziale Netzwerke: Besonders häufig in Alters- und Pflegeheimen leben Ledige sowie Geschiedene und Verwitwete. Deutlich seltener in Alters- und Pflegeheimen befinden sich verheiratete Personen. So waren von den 2003 befragten Bewohnern von Alters- und Pflegeeinrichtungen nur 11% verheiratet. Gleichzeitig besitzen die Heimbewohner häufiger keine Kinder und Freunde als gleichaltrige zu Hause lebende Menschen. Fehlende familiale Pflege und Vereinsamung können wichtige Motive für einen Umzug in eine Alterseinrichtung darstellen (vgl. dazu auch Kapitel 5).

b) Einkommen und schulisch-berufliche Ausbildung: Reichere ältere Menschen leben länger in privaten Haushaltungen, wogegen ärmere ältere Menschen häufiger in eine Alterseinrichtung ziehen; teilweise, weil sie damit gut versorgt werden; teilweise aber auch, weil sie sich die bisherige Wohnung nach erfolgter Renovation nicht mehr leisten können. Auch der schulisch-berufliche Ausbildungshintergrund beeinflusst einen Heimübertritt, namentlich bei Männern (vgl. Cavalli 2002: 81). Während bei den über 80-jährigen Männern mit akademischer Ausbildung weniger als 10% in Alters- und Pflegeeinrichtungen leben, sind dies mehr als 20% gleichaltriger Männer ohne Berufslehre.

c) Wohnregion: Wie in anderen Bereichen des Gesundheitswesens sind auch bei den stationären Alterseinrichtungen Angebot und Nachfrage wechselseitig verknüpft. So weisen beispielsweise bis heute jene Regionen vergleichsweise viele Heimplätze auf, die auf eine lange Tradition von Bürgerheimen zurückblicken können. Einen besonders hohen Anteil an älteren Heimbewohnern weisen namentlich die Kantone Glarus, Appenzell-Ausserrhoden, Schaffhausen, Uri und Zug auf. Diese Kantone kennen gleichzeitig einen vergleichsweise geringen Ausbau der Spitex-Dienste. Ein geringer Anteil älterer Heimbewohner findet sich hingegen in den westschweizerischen Kantonen Genf, Jura, Waadt und Wallis. In allen diesen Kantonen liegen die Spitexleistungen für ältere Menschen deutlich über dem gesamtschweizerischen Durchschnitt. Im interkantonalen Vergleich zeigt sich eine negative Beziehung (Korrelation von –0.55) zwischen Ausbau ambulanter und stationärer Alterspflege.

Auch die zukünftige Nachfrage nach Alters- und Pflegeheimplätzen hängt nicht allein von der gesundheitlichen Entwicklung der älteren und vor allem der hochbetagten Bevölkerung ab, sondern sie wird auch von sozialen Faktoren (Tragfähigkeit familialer Netze bei altersbedingter Pflegebedürftigkeit, Entwicklungen auf dem Wohnungsmarkt u. a.) beeinflusst. Regionale Planungen zum zukünftigen Alters- und Pflegeheimbedarf können deshalb nicht allein von demografischen Faktoren (erwartete Zahl hochaltriger Menschen) ausgehen, sondern zu berücksichtigen sind auch soziale Faktoren (wie Entwicklung der Zahl an nicht-verheirateten und kinderlosen Menschen, Anteil an sozial desintegrierten älteren Menschen) sowie Aspekte der Wohnungs- und Siedlungsstruktur (wie Anteil an Altwohnungen oder günstigen Genossenschaftswohnungen, zukünftige Wohnabbrüche und Renovationen usw.).

Eintritt ins Alters- und Pflegeheim – und Möglichkeiten zur Erleichterung

Der Wechsel von einer privaten Wohnung in eine Alters- und Pflegeeinrichtung wird zumeist als massive Lebensumstellung erlebt. Nicht nur muss eine vertraute Wohnung – und oft auch eine vertraute Nachbarschaft – verlassen werden, sondern ein Umzug in eine Alters- und Pflegeeinrichtung bedeutet einen Verlust an Privatsphäre und die Gewöhnung an ein Zusammenleben mit anderen älteren Menschen. Deshalb sind Massnahmen zur Erleichterung des Übergangs in diese neue Wohn- und Lebenssituation besonders wichtig. Dazu gehört etwa eine gute Vorinformation über das Heim und die Heimverhältnisse. In vielen Heimen der Schweiz gehört es zum Standard, sich mit zukünftigen Heimbewohnern zu unterhalten und sich gegenseitig zu informieren. Auch Vorgespräche mit Angehörigen werden häufig unternommen. Die Möglichkeit eines vorgängigen Besuchs oder eines Schnupperaufenthalts wird heute ebenfalls oft angeboten. Eine 1998 durchgeführte Erhebung bei BewohnerInnen von Alterswohneinrichtungen im Kanton Schaffhausen liess erkennen, dass eine angemessene Information über die Heimstrukturen und die Abläufe im Heim sich positiv auf die nachfolgende Lebenszufriedenheit auswirkt. Dabei spielt es weniger eine Rolle, durch wen die BewohnerInnen informiert werden, als wie gut und wie ehrlich informiert wird (vgl. Ganz, Wehrle 2000). Eintrittsrituale können ebenfalls wichtig sein, und tatsächlich werden neue HeimbewohnerInnen in drei Viertel aller Heime den bisherigen BewohnerInnen vorgestellt. Ebenso viele Heime organisieren erste Kontakte mit dem Personal. Seltener ist dagegen eine kleine Eintrittsfeier.

Der Wechsel in eine Alters- und Pflegeeinrichtung bedeutet eine massive Lebensumstellung.

Der Umzug in eine Alterseinrichtung verlangt von den älteren Menschen zwangsläufig den Verzicht auf einen grossen Teil ihrer gewohnten Einrichtungen und persönlichen Dinge (vgl. Ebner 2000; Klingenfeld 1999). Die private Wohnumwelt reduziert sich häufig auf ein einziges Zimmer, wodurch viele vertraute Dinge und Einrichtungen aufgegeben werden müssen. Dies erschwert einerseits altvertraute Alltagsroutinen. Es verlangt andererseits die Entstehung neuer Lebensgewohnheiten.

Erzählende Interviews mit betroffenen Frauen und Männern lassen erkennen, dass bei der Entscheidung, welche Einrichtungen und Gegenstände mitgenommen oder zurückgelassen werden, weniger die Nützlichkeit der Dinge als ihre emotionale und biografische Bedeutsamkeit im Vordergrund stehen. Frauen und Männer behalten jene Dinge, die ihnen emotional und lebensgeschichtlich am meisten bedeuten, zum Beispiel, weil mit bestimmten Möbelstücken oder Gegenständen viele schöne Erinnerungen verbunden sind. Aus diesem Grund versuchen Menschen beim Umzug in ein Heim auf je individuelle Weise ganze Ensembles von vertrauten Dingen am neuen Wohnort zu rekonstruieren (vgl. Marty 2000).

Ein wichtiges Element der Individualisierung innerhalb einer kollektiven Wohneinrichtung betrifft die Möglichkeit, sein Zimmer selbst zu gestalten sowie private Sachen und Objekte (wie Fotos, Erinnerungsstücke usw.) mitzubringen. In nahezu allen Heimen sind persönliche Bilder, Fotos und Souvenirs erlaubt. Ein eigener Fauteuil wird ebenfalls grossmehrheitlich akzeptiert. Stärkere Einschränkungen ergeben sich – häufig aus Platzgründen – bei anderen Möbelstücken (Tische, Schränke, Gestelle usw.). Nur in wenigen Heimen dürfen Bewohnerinnen ihr eigenes Bett mitbringen. In immer mehr Heimen sind auf der anderen Seite Haustiere – wie Vögel, Katzen oder Hunde – erlaubt, und im hohen Lebensalter gehören Mensch-Tier-Beziehungen für viele Menschen mit zur Lebensqualität (vgl. Olbrich 1998).

Die Umstellung an einen neuen Alltagsrhythmus, eine neue Umgebung und neue Menschen ist in fast allen Fällen schwierig, und sie kann in der ersten Zeit zu Missverständnissen, Aggressivität oder Resignation führen (vgl. Koch-Straube 1997). Deshalb ist eine feste Betreuungsperson für die erste Zeit nach dem Umzug besonders wichtig, und tatsächlich ist es in der Mehrheit der Heime üblich, neu eintretenden Personen eine besondere Betreuungsperson zuzuweisen. Beim Neueintritt sollte zudem die Aufmerksamkeit des Pflegepersonals gezielt auf zentrale biografische Gegebenheiten sowie Ess- und Lebensgewohnheiten neuer Bewohnerinnen gerichtet werden. In modern geführten Heimen wird häufig viel unternommen, um Besuche von Angehörigen und Freunden zu fördern. Vermehrte Besuche stehen dennoch oft zuoberst auf der Wunschliste mancher HeimbewohnerInnen. Von den im Rahmen der Wohnumfrage 2003 befragten 236 HeimbewohnerInnen äusserten 12% den Wunsch nach vermehrten persönlichen Kontakten und Besuchen als Massnahmen zur Verbesserung ihrer Lebenssituation. Die vorher erwähnte Schaffhauser Studie von Heimbewohnern zeigt interessanterweise, dass nach dem Heimeintritt vor allem die selbst hergestellten Kontakte zu einer erhöhten Zufriedenheit beitragen. Kontakte, die durch das Personal organisiert werden, sind weniger zufriedenstellend (vgl. Ganz, Wehrle 2000). Das Ziel sollte deshalb sein, einen guten Nährboden für selbst geknüpfte Kontakte zu schaffen. Das Weiterbestehen bisheriger Kontakte wird

Eine gute Information vor dem Eintritt erhöht das Wohlbefinden nach dem Eintritt.

erleichtert, wenn das Heim in der Nähe der vertrauten Umgebung (Quartier, Gemeinde) liegt. Dadurch erhöhen sich die Chancen, dass eintretende Frauen und Männer auf bekannte Gesichter treffen.

Eine häufige Befürchtung gegenüber Alters- und Pflegeheimen ist der Verlust an Privatsphäre und individueller Entscheidungsräume; eine Befürchtung, die schon in Begriffen wie kollektiver Haushalt und institutionalisiertes Wohnen ihren Ausdruck findet. Faktisch gehört es zu den Grundsätzen vieler modern geführter Alterseinrichtungen, die Privatsphäre und individuelle Autonomie ihrer Bewohner soweit als möglich zu erhalten und zu fördern. Dazu gehören Freiheiten in der Gestaltung des Tagesablaufs wie auch Wahlmöglichkeiten bezüglich Mahlzeiten, Einrichtung des eigenen Zimmers oder die Möglichkeit, das Heim ohne weiteres zu verlassen. Allerdings ergeben sich diesbezüglich klare Grenzen. So können sowohl physische wie psychische Behinderungen der Bewohner als auch bauliche Verhältnisse zu Autonomieverlusten beitragen. In vielen Heimen hängen das Ausmass an Privatleben sowie der Besitz eines eigenen Schlüssels und die Freiheit, das Heim jederzeit verlassen zu können, von der psychischen Verfassung eines Heimbewohners ab. Sachgemäss schränken Alterseinrichtungen, die mit schwerwiegenden psychischen Einschränkungen ihrer Bewohner und Bewohnerinnen konfrontiert werden, den Freiraum stärker ein als Heime mit mehr gesunden Bewohnern. Konflikte entstehen namentlich, wenn verwirrte Bewohner in fremde Zimmer eindringen. Elektronische Sicherungssysteme – wie das von der Stiftung für elektronische Hilfsmittel in Neuchâtel entwickelte System «Quo Vadis» – erlauben heute allerdings eine optimale Kombination von Sicherheit gefährdeter Pensionäre (z. B. verwirrte Menschen) und hohe individuelle Autonomie geistig kompetenter Bewohner und Bewohnerinnen (vgl. www.fst.ch).

Vor allem selbst organisierte Kontakte im Heim tragen zu mehr Lebenszufriedenheit bei.

Was die Öffnung einer Alters- und Pflegeeinrichtung gegenüber ihrer Umwelt (Quartier, Gemeinde) betrifft, existiert eine Reihe unterschiedlicher Strategien. So kann die Einbettung spezifischer Dienstleistungen in eine Alters- und Pflegeinstitution die kommunale Integration stärken. Tatsächlich beherbergt nahezu die Hälfte der Heime zusätzliche Angebote. Häufig sind beispielsweise Abteilungen für Tagesaufenthalte oder betreute Alterswohnungen. In diversen Heimen sind Spitex-Dienste oder medizinische bzw. paramedizinische Praxen untergebracht. Damit kann der Übergang von heimexterner zu heiminterner Pflege erleichtert werden. Die grosse Mehrheit der Heime beschäftigt zudem freiwillige Helfer und Helferinnen. Am häufigsten bieten diese Freiwilligen Besuche und Spaziermöglichkeiten an. Sie sind häufig auch bei Aktivierungsangeboten oder Transportdiensten beteiligt. In verschiedenen Heimen kümmern sich Freiwillige um die Cafeteria, die auch auswärtigen Besuchern zur Verfügung steht.

Hohe Wohn- und Pflegeansprüche neuer Generationen älterer Menschen berühren auch die Alters- und Pflegeheime.

Hingegen helfen Freiwillige nur selten in Verwaltung und Pflege mit (vgl. Christe et al. 1997).

Die Öffnung von Alters- und Pflegewohneinrichtungen findet allerdings dort ihre Grenzen, wo die Ruhe, Sicherheit und Privatsphäre der HeimbewohnerInnen ungebührlich gestört wird. Speziell in Heimen mit demenzerkrankten Menschen können sich viele Besucher und eine grosse Unruhe negativ auf das Wohlbefinden der BewohnerInnen auswirken. Dem Wunsch mancher betagter Person nach Ruhe und Rückzug ist ebenfalls Rechnung zu tragen. Jedes Alters- und Pflegeheim steht deshalb vor der schwierigen Aufgabe, Öffnung und Rückzug, Aktivitäten und Ruhe im Gleichgewicht zu halten.

Ein Hauptproblem vieler heutiger Alters- und Pflegeeinrichtungen liegt zudem darin, dass einerseits weiterhin viele negative – und oft falsche – Vorstellungen über Alterseinrichtungen bestehen, dass andererseits die Wohn- und Pflegeansprüche heutiger älterer Menschen – und ihrer Angehörigen – deutlich angestiegen sind (was mit dem nachfolgend diskutierten hohen Wohnstandard zu Hause wohnender älterer Menschen zusammenhängt). Ein weiteres zentrales Problem schweizerischer Alters- und Pflegeeinrichtungen ist auch, dass Qualitätsbeurteilung und Qualitätssicherung gegenwärtig sehr uneinheitlich geregelt sind, was unter anderen auch den gemeinsamen Austausch von Pflegeerfahrungen erschwert (vgl. Gebert, Kneubühler 2001).

4 Wohnform und Wohnsituation älterer Menschen in Privathaushaltungen

Die überwiegende Mehrheit der älteren Menschen lebt in privaten Haushaltungen. Etwas später als jüngere Generationen profitierten auch die älteren Generationen in den letzten Jahrzehnten von der allgemeinen Wohlstandsentwicklung. Dadurch erfuhren auch Wohnqualität und Wohnstandard der grossen Mehrheit älterer Menschen eine deutliche Verbesserung. Im Folgenden werden einige Wandlungen in der Wohnlage älterer Menschen der Schweiz vorgestellt, soweit dazu Angaben vorhanden sind. Anschliessend werden zusätzliche Informationen zur aktuellen Wohnlage von 60-jährigen und älteren Menschen in privaten Haushaltungen vorgestellt und diskutiert.

Wohnsituation älterer Menschen im Wandel

Der Zeitvergleich 1970–2003 verdeutlicht nochmals in aller Eindrücklichkeit, wie stark sich die zu Hause lebende ältere Bevölkerung auf Klein- und Kleinsthaushalte konzentriert (vgl. Tabelle 10). Der Anteil der allein lebenden älteren Menschen ist ebenso angestiegen wie der Anteil der in Paarhaushaltungen lebenden Rentner und Rentnerinnen. Darin widerspiegelt sich sowohl eine stärkere Individualisierung der Gesellschaft als auch die Tatsache, dass heute ehefreundliche Generationen das höhere Lebensalter erreichen (vgl. auch Kapitel 3). Umgekehrt ist der Anteil älterer Menschen in grösseren Privathaushaltungen gesunken. Gegenwärtig leben nur noch relativ wenige Rentner und Rentnerinnen in privaten Haushaltungen, welche mehr als drei Personen umfassen. Dabei handelt es sich vor allem um ältere Menschen in landwirtschaftlichen Regionen.

Die Haushaltsgrösse hat sich verkleinert, die Wohngrösse hat sich dagegen erhöht.

Die Verkleinerung der Haushaltsgrösse ist auf verschiedene Ursachen zurückzuführen, wie etwa eine höhere räumliche Mobilität der verschiedenen Generationen, ein starkes Bedürfnis nach Autonomie bei jüngeren und älteren Menschen sowie eine finanzielle Besserstellung vieler Rentner. Kleine Haushalte reflektieren einen wichtigen Aspekt der Wohlstandssteigerung, weil damit mehr ältere Menschen die Möglichkeit besitzen, auch im höheren Lebensalter ihr Alltagsleben selbstständig zu gestalten. Inwiefern die Individualisierung der Haushaltssituation – und das damit verbundene Risiko sozialer Isolation und Vereinsamung – zukünftig vermehrt in Frage gestellt

Tabelle 10

Verteilung der zu Hause lebenden Personen im Alter von 65 Jahren und älter nach Haushaltsgrösse 1970–2003

	1970	1980	1990	1999	2003
1 Person	23%	31%	34%	37%	37%
2 Personen	49%	53%	54%	58%	58%
3 Personen	14%	10%	8%	4%	4%
4+ Personen	14%	6%	4%	1%	1%
N:	32'717	40'327	44'638	986	807

1970,1980 und 1990: Public Use Sample der Volkszählungen; 1999: Schweiz. Haushaltspanel; 2003: Wohnumfrage der Age Stiftung.

Eine geräumige Wohnung ist auch im Rentenalter ein zentrales Element einer guten Lebensqualität.

wird, wird in Kapitel 6 angesprochen, wenn vernetzte und gemeinschaftliche Wohnformen diskutiert werden.

Während sich die Haushaltsgrösse verkleinert hat, hat sich umgekehrt die Grösse der Wohnungen erhöht. Pro Person steht damit mehr Platz zur Verfügung. Auch dies weist auf eine verbesserte Wohnqualität vieler älterer Menschen. Die zunehmende Wohnungsgrösse wird durch den Zeitvergleich 1978–2003 klar illustriert (vgl. Tabelle 11). Der Anteil der Rentner und Rentnerinnen in Wohnungen mit nur ein bis zwei Zimmer ist zurückgegangen. Umgekehrt ist der Anteil der Rentner und Rentnerinnen in Wohnungen mit mehr als drei Zimmern klar angestiegen.

Gegenwärtig leben nur noch 2% der 65- bis 79-jährigen Personen in einer Einzimmerwohnung. Aufgrund dieser Entwicklung ist die Nachfrage nach Einzimmerwohnungen in Alterssiedlungen deutlich zurückgegangen, und auch Alterswohnungen mit nur zwei kleinen Zimmern finden immer weniger Anklang.

Der Anteil älterer Menschen in überbelegten Wohnverhältnissen (weniger als ein Zimmer pro Person) hat sich somit in den letzten Jahrzehnten verringert. Gemäss der schweizerischen Einkommens- und Verbrauchserhebung 1998 müssen nur 5% der älteren Bevölkerung mit einer zu kleinen Wohnfläche auskommen. Dies ist deutlich weniger, als bei jüngeren Altersgruppen beobachtet wird. So lebten 1998 30% der 25- bis 39-Jährigen in beengten Wohnverhältnissen. Bei den 40- bis 54-Jährigen waren es noch 25%, wogegen dieser Wert bei den 55- bis 61/64-jährigen Personen auf 4% sinkt (vgl. Bundesamt für Statistik 2002). Der Hauptgrund für die Unterschiede zwischen den Altersgruppen liegt darin, dass die meisten Menschen bzw. Paare nach dem Auszug der

Tabelle 11

Wohngrösse im Alter: AHV-RentnerInnen in Privathaushaltungen 1978 und 2003

	Jahr 1978			Jahr 2003				
Alter:	65–69	70–74	75–79	65–69	70–74	75–79	80–84	85+
Zimmerzahl								
1 Zimmer	4%	5%	8%	2%	1%	3%	5%	4%
2 Zimmer	13%	17%	22%	10%	9%	13%	11%	11%
3 Zimmer	30%	30%	29%	27%	31%	34%	39%	33%
4+ Zimmer	53%	48%	41%	61%	59%	50%	45%	51%
N:	1146	859	609	205	210	158	150	84

1978: Madörin 1985: 272; 2003: Wohnumfrage der Age Stiftung.

Kinder in ihrer bisherigen Wohnung verbleiben und daher in dieser Lebensphase mehr Raum für sich beanspruchen können. Die überwiegende Mehrheit der heutigen älteren Menschen in der Schweiz lebt damit in relativ geräumigen Wohnverhältnissen. Von den im Jahre 2003 befragten älteren Menschen erachteten nur 5% ihre Wohnung als zu klein.

Ob ältere Menschen vielfach in unterbelegten Wohnungen leben, ist eine sozialpolitisch umstrittene und heikle Frage. Entsprechend heikel sind Vorschläge, allein lebende ältere Frauen und Männer zu einem mehr oder weniger freiwilligen Umzug in eine kleinere Wohnung zu motivieren; etwa um eine grössere Wohnung einer jungen Familie zu überlassen. Die Ansichten der im Rahmen der Wohnumfrage der Age Stiftung befragten älteren Frauen und Männer zu einem Umzug in eine kleinere Wohnung sind geteilt: 30% erachten dies als denkbare Zukunftsoption, 34% sind strikt dagegen, und 35% würden eine kleinere Wohnung nur im Notfall in Betracht ziehen (vgl. dazu im Einzelnen Kapitel 5).

Im hohen Lebensalter kann ein Umzug in eine kleinere Wohnung unter Umständen sinnvoll sein, weil damit der Aufwand für die Wohnungspflege sinkt. Auch das Haushalten in einer kleinen, aber modern eingerichteten Wohnung kann im Alter weniger aufwändig sein als in einer grossen Altwohnung. Allerdings zeigt sich faktisch, dass ein Umzug in eine kleinere Wohnung häufig zu erhöhten Mietkosten führen würde, beispielsweise, weil ältere Menschen als langjährige Mieter relativ kostengünstig wohnen und ein Wechsel in eine Neuwohnung mit höheren Mietkosten verbunden wäre. Zu berücksichtigen ist zusätzlich, dass im höheren Lebensalter die eigene Wohnung als Lebensraum wichtiger wird. Stärker als in jüngeren Lebensjahren wird die Lebensqualität im höheren Lebensalter von der Wohnqualität beeinflusst, und ein wesentlicher

Aspekt der Wohnqualität besteht im Gefühl, genügend Platz zu haben. Zudem weist eine grössere Wohnung im höheren Lebensalter unbestreitbare Vorteile auf. Es ist damit beispielsweise leichter möglich, Bekannte und Freunde, aber auch Enkelkinder für längere Zeit bei sich aufzunehmen. Grössere Wohnungen im Alter erleichtern gute Grosseltern-Enkel-Beziehungen, und im Fall von Krankheit oder Pflegebedürftigkeit erlaubt ein Gastzimmer es eher, eine helfende Person (Tochter, Sohn, Freundin u. a.) unterzubringen usw.

In der gerontologischen Fachliteratur besteht deshalb folgender Konsens: «Ältere Menschen brauchen Platz, mehr Platz als jüngere Singles. Denn sie sollten ohne Probleme ‹wie früher› die ganze Familie bei sich oder wenigstens im Hause bewirten können, und es muss Möglichkeiten im Haus oder in unmittelbarer Nähe geben, jederzeit Gäste unterzubringen. Denn zumindest die Wohnverhältnisse sollten ihnen ein Leben mit noch vielen Aufgaben und vielen Festlichkeiten nicht verwehren» (Wilkens, Greve 1999: 550).

Wie in anderen Bereichen des Lebens ergeben sich auch beim Wohnen im Alter je nach wirtschaftlicher und sozialer Lage von Menschen sowie ihrem Wohnort klare Unterschiede. Ältere Menschen in Städten leben häufiger in Mehrfamilienhäusern als gleichaltrige Menschen in ländlichen Regionen. Im Zeitvergleich wird deutlich, dass sich der Anteil älterer Menschen in Ein- und Zweifamilienhäusern in den letzten Jahrzehnten erhöht hat. Gegenwärtig leben gemäss Schweizerischer Haushaltspanel-Erhebung rund zwei Fünftel der älteren Menschen in der deutschsprachigen Schweiz in Ein- oder Doppelfamilienhäusern (vgl. Tabelle 12). Die Wohnumfrage 2003 der Age Stiftung liess ähnliche Werte erkennen, und 41% der befragten zu Hause lebenden Frauen und Männer wohnen in Einfamilien- oder Reiheneinfamilienhäusern. 29% der zu Hause lebenden älteren Befragten leben in Mehrfamilienhäusern mit bis zu 10 Wohnungen, und 20% wohnen in grösseren Wohnblöcken mit über 10 Wohnungen. Dies betrifft vor allem ältere Menschen in grösseren Städten oder stadtnahen Gemeinden.

Wohneigentum im Alter ist in den letzten Jahrzehnten häufiger geworden.

In manchen Fällen handelt es sich bei den älteren Bewohnern von Einfamilienhäusern um Menschen, die zur Zeit ihrer Familiengründung ein eigenes Haus gebaut haben, welches sie in späteren Lebensphasen weiter bewohnen. Wohnprobleme können in solchen Fällen entstehen, wenn diese Familienhäuser nicht altersgerecht gebaut wurden, oder wenn ganze Einfamilienhaussiedlungen, die zur gleichen Zeit gebaut wurden, eine rasche demografische Alterung erfahren. Nicht selten verlaufen die Alterung der Bevölkerung und die Alterung der Bausubstanz erstaunlich parallel, wie am Beispiel der Agglomeration Zürich nachgewiesen werden konnte (vgl. Rey, Wüest, Gabathuler 1993). Dabei können Umlandgemeinden und Agglomerationsgemeinden, die sich bisher kaum mit Fragen des Alters (Wohnformen im Alter, Integration und

Tabelle 12

Wohntypus und Wohneigentum älterer Menschen in der deutschsprachigen Schweiz 1970–2000

	Zu Hause lebende Personen 65+ Jahre Deutschsprachige Schweiz				
	1970	1980	1990	1997	1999/2000
Typus des Wohnhauses					
Ein- und Zweifamilienhaus	32%	35%	37%		40%
Eigentumssituation					
Eigentümer/Miteigentümer	44%	43%	44%	47%	50%
Mietverhältnis/Genossenschaftler	52%	53%	53%	50%	47%
Wohnrecht/Gratisbenützung	4%	4%	3%	3%	3%

Datenquellen: 1970,1980, 1990: Public Use Sample (Volkszählungen); 1997: Schweiz. Gesundheitsbefragung 1997; 1999: Schweiz. Haushaltspanel (direktbefragte Personen, Sept. 1999 bis Feb. 2000).

Pflege betagter Menschen) beschäftigt haben, mit einer sehr raschen demografischen Alterung konfrontiert werden. Innert vergleichsweise kurzer Zeit müssen entsprechende Angebote und Strukturen aufgebaut werden. Vor allem in stark auf den Individualverkehr orientierten Einfamilienhaussiedlungen können sich gravierende sozial- und verkehrspolitische Altersprobleme ergeben, wenn zunehmend mehr Leute wegen Gehschwierigkeiten auf nahe gelegene Einkaufsmöglichkeiten oder gute Busverbindungen angewiesen wären, die Siedlungsverhältnisse jedoch inzwischen voll auf den individuellen Autoverkehr ausgerichtet wurden.

Aufgrund der hohen Boden- und Baupreise liegen die Wohneigentumsquoten in der Schweiz allgemein tiefer als in den Nachbarländern. Tiefe Wohneigentumsquoten finden sich vor allem in städtischen Gebieten, wogegen in ländlichen Regionen Wohneigentum – geerbt oder selbst finanziert – deutlich häufiger ist. Die Wohneigentumsquote älterer Menschen ist jedoch höher als diejenige jüngerer Menschen, weil Wohneigentum oft erst im späteren Erwachsenenalter finanzierbar wird. Zudem fallen Erbschaften – auch von Wohneigentum – aufgrund der hohen Lebenserwartung der Elterngeneration heute erst zwischen dem 50. und 65. Lebensjahr gehäuft an (vgl. Moser 2002).

Gegenwärtig wohnen in der deutschsprachigen Schweiz um die Hälfte der zu Hause lebenden älteren Menschen im eigenen Haus bzw. in einer eigenen Wohnung. Die andere Hälfte der älteren Bevölkerung wohnt im Mietverhältnis. Die Wohneigentumsquote älterer Menschen hat sich vor allem in den 1990er Jahren erhöht. Dies reflektiert primär die Tatsache, dass in dieser Periode die ersten Wohlstandsgenerationen ein höheres Alter erreicht haben. Da sich diese Tendenz fortsetzt, ist zukünftig mit noch höheren Wohneigentumsquoten zu rechnen, namentlich bei den jüngeren RentnerInnen (65–74 Jahre). So sind um die 58% der 55- bis 59-jährigen Personen – die in den nächsten 5–10 Jahren das AHV-Alter erreichen werden – Eigentümer ihres Hauses bzw. ihrer Wohnung, und für eine Mehrheit (54%) der im Jahre 2000 befragten 50- bis 80-jährigen Personen nehmen Liegenschaften als Mittel der Altersvorsorge einen hohen Stellenwert ein (vgl. Ernest Dichter SA 2000).

Die Chancen, im höheren Lebensalter eine eigene Wohnung zu besitzen, variieren sachgemäss je nach Einkommenslage. Mit steigendem Einkommen und höherem Bildungsstatus erhöht sich der Anteil an Wohneigentümern signifikant. Während ältere Menschen mit primärer Ausbildung gemäss der Wohnumfrage der Age Stiftung zu weniger als einem Drittel Wohneigentümer sind, ist dies bei älteren Menschen mit Fachhochschul- und Universitätsausbildung die Mehrheit. Zusätzlich wohnen verheiratete Rentner und Rentnerinnen häufiger in eigenen Häusern bzw. Wohnungen als unverheiratete Personen. Die Familiengründung motiviert nicht selten zum Kauf eines eigenen Hauses. Umgekehrt zwingt eine Scheidung oftmals zum Verkauf der eigenen Wohnung.

«Wohnen im Alter» ist ein Thema, das auch Fragen von Wohneigentum einschliesst: Wie kann die eigene Wohnung bzw. das eigene Haus an die veränderten Bedürfnisse der späteren Lebensjahre angepasst werden? Ist es möglich und sinnvoll, ein grosses Familienhaus in zwei Wohnungen aufzuteilen, wobei eine Wohnung an eine junge Familie vermietet wird? Was geschieht mit dem Wohneigentum im hohen Lebensalter? Soll man es den eigenen Kindern übergeben? Und wenn ja: Mit oder ohne Wohnrecht? Oder soll man mit dem Geld aus dem Verkauf des bisherigen Hauses die spätere Alterspflege finanziell absichern bzw. sich in eine Seniorenresidenz einkaufen?
Namentlich einkommensschwache ältere Wohneigentümer können trotz Wohnbesitz in finanzielle Notlagen geraten, da sie aufgrund ihres – steuerlich oft hoch bewerteten Wohneigentums – keinen Anspruch auf Ergänzungsleistungen zur AHV haben. Finanzielle Probleme können bei älteren Wohneigentümern auch auftreten, wenn grössere Renovationen finanziert werden müssen und die damit entstehenden Kosten den finanziellen Rahmen übersteigen. Ein Verkauf der Eigentumswohnung oder des eigenen Hauses löst das Problem zum Teil nur zeitweise, weil der damit erzwungene Wohnungswechsel langfristig nicht selten zu höheren Wohnkosten führt.

Während sich Haushaltsform, Wohnungsgrösse und Wohneigentum bei älteren Menschen in den letzten Jahrzehnten deutlich verändert haben, zeigt sich bezüglich Wohndauer in der gleichen Wohnung eine ausgeprägte Stabilität. Zwar gibt es eine kleine und wachsende Gruppe von Frauen und Männern, welche die Phase vor und nach der Pensionierung zu einem Wohnungs- oder Wohnortswechsel benützen, um unter Umständen nach Süden auszuwandern (vgl. Huber 2002). Gemäss der Motivstudie der Ernest Dichter SA (2000) hat sich in der Schweiz der Anteil der 50- bis 80-jährigen

Menschen, die im Alter einen Wohnwechsel in den Süden als denkbar erachten, zwischen 1991 und 2000 von 9% auf 14% erhöht.

Die grosse Mehrheit älterer Menschen verbleibt allerdings am bisherigen Ort, in der gleichen Wohnung. Im Zeitvergleich 1978 bis 2003 wird sichtbar, dass sich die Wohnmobilität in den letzten Jahrzehnten insgesamt kaum wesentlich erhöht hat. Der Anteil älterer Menschen mit langer Wohndauer ist eher gestiegen als gesunken: Lebten 1978 50% der zu Hause lebenden Personen im Alter von über 65 Jahren seit mehr als 20 Jahren in der gleichen Wohnung, sind es gegenwärtig zwischen 55% und 60%. Eine besonders hohe Wohndauer zeigen Wohneigentümer in Einfamilienhäusern, und die steigende Wohneigentumsquote bei älteren Menschen hat möglicherweise zu einer reduzierten Wohnmobilität im Alter beigetragen. Eine verstärkte Wohnmobilität ergibt sich oft erst im hohen Lebensalter, wenn die eigene Wohnung zugunsten eines Alters- und Pflegeheims aufgegeben wird.

Ein Wohnortswechsel vor oder nach der Pensionierung ist für Schweizer Bürger und Bürgerinnen die Ausnahme.

Die Vorstellung, dass die älteren Schweizer und Schweizerinnen jedoch besonders sesshaft seien, wird durch die Beobachtung relativiert, dass die durchschnittliche Wohndauer älterer Menschen in Deutschland kaum kürzer ist. Gemäss dem deutschen Alterssurvey 1996 lag die durchschnittliche Wohndauer in der gleichen Wohnung bei der 55- bis 69-jährigen deutschen Bevölkerung bei 25.6 Jahren (Motel et al. 2000: 174). Die durchschnittliche Wohndauer der 55- bis 69-Jährigen in der Schweiz lag 1999/2000 sogar leicht tiefer (23.5 Jahre). Ein freiwilliger Wohnungs- und Wohnortswechsel vor oder nach der Pensionierung bildet zumindest für Schweizer BürgerInnen noch die Ausnahme. Bei älteren Migranten und Migrantinnen ist eine Rückkehr in ihre ursprüngliche Heimat allerdings häufiger, und bis zu einem Drittel der spanischen und italienischen Migranten kehren zum Zeitpunkt der Pensionierung in ihr Herkunftsland zurück (vgl. Bolzman, Fibbi 1993; Bolzman, Fibbi, Vial 1999).

Die ausgeprägte Sesshaftigkeit vieler älterer Menschen hat drei wichtige Konsequenzen. *Zum Ersten* ergibt sich eine hohe Identifikation mit der Wohnung, und ein Wohnungswechsel – beispielsweise wegen Renovation oder altersbedingten Heimeintritts – wird als besonders schwerwiegend empfunden. Dies ist nicht nur der Fall, weil eine altvertraute Wohnung verlassen werden muss, sondern weil damit auch oft ein Verlust an Nachbarschaftskontakten und gewohnten Einkaufsmöglichkeiten einhergeht. Für Hauseigentümer bedeutet ein Wohnungswechsel oft den Verkauf eines lieb gewordenen Hauses, mit dem man sich jahrzehntelang identifiziert hat. *Zum Zweiten* zahlen Rentner als langjährige Mieter vielfach tiefere Mieten als Neumieter. Vor allem eine erzwungene Wohnungsaufgabe ist häufig mit einer substanziellen Mietpreiserhöhung verbunden, namentlich wenn eine kostengünstige Altwohnung gegen eine Neubauwohnung eingetauscht werden muss. Bei älteren Hauseigentümern hängt der

Die wohnbezogene Sesshaftigkeit älterer Menschen wird heute durch eine starke Reisefreudigkeit kompensiert.

Verkaufspreis eines früher gekauften oder geerbten Hauses – das in manchen Fällen renovationsbedürftig ist – von der jeweiligen Marktlage ab. Je nach Marktsituation kann es schwierig sein, sich in eine altersgerechte Wohnanlage einzukaufen. *Zum Dritten* leben viele ältere Menschen in Altwohnungen, die – sofern sie zwischenzeitlich nicht renoviert wurden – weniger Komfort aufweisen als Neubauwohnungen. Altwohnungen sind oft aufwändiger zu pflegen als neue Wohnungen. Vor allem in ländlichen Gebieten leben ältere Menschen nicht selten in veralteten Wohnhäusern, namentlich, wenn das Haus oder die Wohnung geerbt wurde. Deshalb sind manche von älteren Frauen und Männern bewohnte Wohnungen oder Häuser nicht altersgerecht eingerichtet. Daraus können sich bei zunehmender Pflegebedürftigkeit schwerwiegende Schwierigkeiten ergeben, z. B. wenn die Wohnung nicht rollstuhlgängig ist oder keinen Lift aufweist (vgl. Kapitel 5).

Die hohe Sesshaftigkeit vieler älterer Menschen weist daher gleichzeitig Vorteile wie Nachteile auf. Von Vorteil sind Vertrautheit und oft günstige Wohnkosten. Von Nachteil sind etwa fehlende oder schwierig zu realisierende Wohnungsanpassungen bei Behinderungen und Pflegebedürftigkeit.

Die ausgeprägte wohnbezogene Sesshaftigkeit vieler älterer Schweizer und Schweizerinnen wird heute allerdings durch eine ausgeprägte Reisefreudigkeit kompensiert. Ältere Menschen von heute sind mobiler geworden, da sie vielfach auch im höheren Lebensalter ein Automobil besitzen. Tatsächlich hat der Besitz eines Automobils – ein bedeutsames Instrument individueller räumlicher Mobilität – in den letzten Jahrzehnten bei der älteren Bevölkerung enorm an Bedeutung gewonnen, wie die Angaben in Tabelle 13 in aller Eindrücklichkeit illustrieren: Von den jüngeren Rentnern besitzen heute vier Fünftel ein eigenes Automobil, und auch bei den 70- bis 74-Jährigen sind es mehr als 70%. Selbst bei den 75- bis 79-Jährigen stieg der Anteil mit eigenem Automobil zwischen 1978 und 1999/2000 massiv an, von 13% auf 53%. Die hohe private Mobilität vieler älterer Menschen – mit Automobil, aber auch durch Bahnreisen – hat zur Folge, dass die unmittelbare Nachbarschaft für aktive Rentner und Rentnerinnen an Bedeutung einbüsste. Dies kann im autonomen Rentenalter zur Auflösung nachbarschaftlicher Beziehungen führen, welche dann im fragilen Rentenalter fehlen.

Die Tendenz zur temporären Mobilität im Alter wird bei nicht wenigen älteren Menschen dadurch gestärkt, dass sie eine Zweitwohnung besitzen. Bei den 60- bis 69-jährigen Personen sind es mehr als ein Fünftel. Das Pendeln im Alter zwischen zwei Wohnsitzen ist keineswegs mehr eine seltene Ausnahme. Nicht wenige ältere Menschen – die in jungen Lebensjahren aus Berggebieten in die Stadt gezogen sind – profitieren vom Rentenalter, um mindestens zeitweise erneut in ihrem angestammten Herkunftskanton (Graubünden, Wallis usw.) zu wohnen. Auch das Tessin ist für manche ältere Menschen zumindest ein Paradies auf Zeit.

Tabelle 13

Besitz eines eigenen Automobils und einer Zweitwohnung bei älteren Menschen

	Zu Hause lebende Menschen im Alter von			
	60–64 J.	65–69 J.	70–74 J.	75–79 J.
Anteil mit Autobesitz				
1978	–	33%	26%	13%
1999/2000	84%	80%	71%	53%
Anteil mit Zweitwohnung				
1999/2000	21%	26%	19%	16%

Quelle: 1978: Madörin 1985: 66+Tab. 24; 1999/2000: Schweiz. Haushaltspaneldaten (direkt befragte Personen; befragt zwischen Sept. 1999 bis Feb. 2000).

Der Wohnstandard älterer Menschen in privaten Haushaltungen

Insgesamt gesehen kann der aktuelle Wohnstandard der grossen Mehrheit älterer Menschen als gut bis sehr gut eingeschätzt werden. Diese positive Situation hat allerdings auch ihre Kehrseite: Bei hohem Wohnstandard ist der Wunsch nach einem Wohnwechsel – sei es in eine alternative Wohnform, sei es in ein Alters- und Pflegeheim – gering. Der Umzug in eine Alters- und Pflegeeinrichtung wird umso negativer bewertet, je höher der vorherige Wohnstandard eingeschätzt wird. Zudem entstehen durch einen hohen Wohnstandard beim privaten Wohnen entsprechend hohe Ansprüche gegenüber Alters- und Pflegeheimen.

Ein zentrales Qualitätskriterium von Wohnen ist eine geringe Belegungsdichte (mindestens ein Zimmer pro Person). Genügend Platz zu haben, gilt im höheren Lebensalter als zentrales Element der Lebensqualität, und wie festgestellt wurde – vgl. Tabelle 11 –, hat sich die Wohngrösse von Rentnerhaushalten in den letzten Jahrzehnten erhöht. Interessant ist in diesem Zusammenhang die Beobachtung, dass eine zu grosse Wohnung bei älteren Menschen heute häufiger als Problem erwähnt wird als eine zu kleine Wohnung (vgl. Tabelle 14).

Der aktuelle Wohnstandard einer grossen Mehrheit älterer Menschen ist gut bis sehr gut.

Vor allem ältere Bewohner und Bewohnerinnen von Einfamilienhäusern erwähnen recht häufig (24%), dass ihre Wohnung für sie in ihrer jetzigen Lebenslage zu gross sei (im Gegensatz zu 8% der Bewohner von Mehrfamilienhäusern). Die mit einem hohen Lebensalter verbundenen körperlichen Einbussen können speziell bei grosszügigen Wohnungen oder Einfamilienhäusern dazu beitragen,

Tabelle 14

Einschätzung der Wohngrösse bei zu Hause lebenden älteren Menschen

Gemäss Wohnumfrage 2003 der Age Stiftung

	Alter der befragten Person				
Jahre:	60–64	65–69	70–74	75–79	80+
N:	205	205	210	158	234
Wohnungsgrösse					
– zu klein	7%	8%	5%	4%	3%
– angemessen	77%	77%	81%	84%	77%
– etwas zu gross	16%	11%	11%	8%	17%
– viel zu gross	1%	2%	2%	1%	2%
– keine Angabe	–	2%	1%	3%	1%

dass früher ohne Probleme bewältigte Aufgaben (Putzen, Staubsaugen usw.) erschwert werden. Gleichzeitig können sich allein lebende Frauen und Männer nach dem Wegzug der Kinder oder dem Tod des Ehepartners in einer normalen Familienwohnung bzw. einem Einfamilienhaus verloren fühlen. Es ist jedenfalls nicht selten, dass im höheren Lebensalter einige Zimmer kaum mehr genutzt werden.

Andere wichtige Indikatoren des Wohnstandards bzw. der Wohnqualität – neben der Wohngrösse – sind eine gute Beheizbarkeit der Wohnung, die Ausstattung mit sanitären Einrichtungen und modernen Haushaltsgeräten, eine gute Erreichbarkeit der Wohnung sowie das Vorhandensein von Freiflächen (Balkon, Terrasse, Garten) (vgl. Motel et al. 2000: 126). Auch gemessen an diesen Kriterien hat sich der Wohnstandard der älteren Bevölkerung in den letzten Jahrzehnten insgesamt klar verbessert. Während beispielsweise 1970 gut 25% der Rentnerhaushalte kein eigenes Bad kannten, ist dies gegenwärtig höchstens für 1% bis 2% aller Rentnerhaushalte der Fall. Eine eigene Küche oder ein Kühlschrank gehören heute ebenso zum modernen Haushaltsstandard wie ein Farbfernsehgerät.

Die Wohnumfrage 2003 der Age Stiftung lässt erkennen, dass eine grosse Wohnküche vor allem in Einfamilienhäusern häufig ist: 67% der Bewohner von Einfamilienhäusern profitieren von einer grossen Wohnküche, wogegen sich Bewohner von grösseren Wohnblöcken mehrheitlich (58%) mit einer kleinen Küche oder einer Kochnische begnügen müssen.

Bei der älteren Bevölkerung weniger häufig als bei jüngeren Menschen ist eine eigene Waschmaschine. Um die 40% der über 70-jährigen Bevölkerung müssen sich die Waschmaschine mit anderen Menschen teilen. Eine Abwaschmaschine ist bei älteren Menschen ebenfalls weniger häufig anzutreffen als bei jüngeren Generationen,

Tabelle 15

Wohnausstattung und Zustand der Wohnung bei zu Hause lebenden 60- bis 79-jährigen Menschen 1999/2000

	Alter der Referenzperson			
Jahre:	60–64	65–69	70–74	75–79
N:	333	316	272	176
Wohnung/Haus mit				
– Farbfernsehen	94%	94%	94%	95%
– Garten oder Terrasse	81%	84%	81%	81%
– Waschmaschine in eigener W.	68%	69%	60%	61%
– Abwaschmaschine	60%	60%	55%	41%
Internet-Anschluss zu Hause				
1999/2000	15%	14%	5%	–
2003	41%	27%	11%	13%
Zustand der Wohnung				
– schlecht	24%	23%	22%	16%
– gut, nicht kürzlich renoviert	72%	75%	74%	81%
– neu oder frisch renoviert	5%	3%	4%	3%

Der Anteil älterer Internet-Benutzer ist rasant angestiegen.

auch weil eine Abwaschmaschine in den Kleinst- und Kleinhaushalten älterer Menschen kaum als notwendig eingeschätzt wird. Das Internet – als modernes Kommunikationsinstrument – ist bei älteren Generationen ebenfalls weniger verbreitet, da ältere Menschen erst spät im Leben mit der Computerrevolution konfrontiert wurden (und sich daraus Berührungsängste ergeben können). In den letzten Jahren ist allerdings der Anteil der älteren Internet-Benutzer rasant angestiegen, wie auch die Angaben in Tabelle 15 illustrieren. Und mit dem Seniorweb (www.seniorweb.ch) profitiert auch die ältere Generation von einer eigenen Internet-Plattform.

Vier Fünftel der zu Hause lebenden Rentner und Rentnerinnen haben entweder eine Terrasse oder einen Garten, und nahezu die Hälfte (48%) der 1999/2000 befragten 65- bis 79-Jährigen übernahm mindestens einmal pro Woche Gartenarbeiten. Die Wohnumfrage 2003 der Age Stiftung zeigt allerdings, dass ein eigener Garten primär Menschen in Einfamilienhäusern offen steht: 90% der in Einfamilienhäusern lebenden älteren Menschen haben einen eigenen Garten, gegenüber 30% in kleineren Mehrfamilienhäusern (bis 10 Wohnungen) und 14% in grösseren Wohnblöcken (über 10 Wohnungen).

Als oft langjährige Mieter oder Hausbesitzer leben ältere Menschen weniger häufig in neu gebauten Wohnungen oder Häusern. Gemäss der Wohnumfrage 2003 der Age Stiftung können deshalb nur 26% der befragten älteren Menschen auf einen Lift im Haus zurückgreifen, was bei eingeschränkter Mobilität zum Problem werden kann.

Mehr als 70% der zu Hause lebenden älteren Menschen beurteilen den Zustand ihrer Wohnung insgesamt als gut, auch wenn diese nicht kürzlich renoviert worden ist. Gut jeder Fünfte schätzt dagegen den Zustand der Wohnung als schlecht ein, wobei zwischen dem Lebensalter und einer kritischen Einschätzung der Wohnung eher eine negative Beziehung vorliegt. Es sind eher die jüngeren als die älteren Befragten, die den Zustand ihrer Wohnung negativ einschätzen.

Negative Bilder zum Alter führen dazu, dass Wohnanpassungen häufig zu spät ins Auge gefasst werden.

Es ist zu vermuten, dass ältere Menschen den Zustand ihrer Wohnung nicht deshalb besser einschätzen, weil sie tatsächlich in besseren Wohnungen leben, sondern weil sie sich an objektive Wohnprobleme angepasst haben. Solche Prozesse der Gewöhnung und Anpassung können dazu beitragen, dass Wohnprobleme im Alter von älteren Menschen unterschätzt werden. Diese Tendenz wird dadurch verstärkt, dass die Wahrnehmung und Anerkennung verschiedener Wohnprobleme im Grund genommen die Anerkennung eigener altersbedingter körperlicher Einschränkungen und Risiken voraussetzt. Wer zugibt, dass seine angestammte Wohnung altersbedingt Probleme aufwirft, gibt sozusagen zu, dass er bzw. sie «alt» geworden ist. Deshalb werden auch sinnvolle kleine Wohnanpassungen im Alter – wie Haltegriffe im Badezimmer – von älteren Menschen oft nicht gerne gesehen, weil damit akzeptiert werden muss, dass die eigenen altersspezifischen Behinderungen gegen aussen sichtbar gemacht werden. Negative Bilder zum Alter tragen dazu bei, dass Wohnanpassungen oft spät – und teilweise zu spät – ins Auge gefasst werden.

Die Wohnumgebung – und angeführte Probleme

Häufiger als interne Wohnprobleme erwähnen ältere Menschen Probleme mit der Wohnumgebung: Lärmige Umgebung, schlechte Luftqualität und unsichere Wohngegend sind häufig angeführte Umgebungsprobleme, namentlich in städtischen Wohnregionen. Mehr als jeder fünfte ältere Befragte fühlt sich gemäss unserer Umfrage durch Lärm in seiner Wohngegend beeinträchtigt (vgl. Tabelle 16).

Analog hohe Werte wurden in der Haushaltspanel-Erhebung 1999/2000 gefunden, und gemäss der Schweizerischen Gesundheitsbefragung 1997 fühlten sich 16% der älteren Menschen oft durch Lärm im Haus gestört. Von Lärm ausserhalb der eigenen Wohnung (z. B. Verkehrslärm) fühlten sich 1997 sogar 35% der Personen im

Tabelle 16

Erwähnte Probleme mit Wohnumgebung bei zu Hause lebenden älteren Menschen

A) Gemäss Schweizerischer Haushaltspanel-Erhebung 1999/2000

	Alter der Referenzperson			
Jahre:	60–64	65–69	70–74	75–79
N:	333	316	272	176
Probleme mit Wohnumgebung				
– lärmige Umgebung	26%	24%	28%	21%
– schlechte Luftqualität	18%	15%	17%	13%
– unsichere Wohngegend	17%	16%	17%	17%

B) Gemäss Wohnumfrage 2003 der Age Stiftung

	Alter					
Jahre:	60–64	65–69	70–74	75–79	80–84	85+
N:	205	205	210	158	150	84
Probleme mit Wohnumgebung						
– Wohngegend wird durch Lärm beeinträchtigt	23%	25%	20%	25%	22%	17%
– Nach Anbruch der Dunkelheit fühle ich mich auf der Strasse unsicher	27%	25%	30%	36%	50%	54%
– In der Wohngegend können ältere Menschen leicht vereinsamen	22%	22%	21%	17%	19%	20%
– In der Gegend fehlt es an Ärzten und Apotheken	22%	17%	19%	23%	19%	23%
– Wohnquartier hat sich so stark verändert, dass mir nicht mehr wohl ist	7%	6%	8%	6%	9%	7%

Rentenalter gestört. Nicht selten sind zudem Klagen über schlechte Luftqualität und Verkehrsabgase. «Die Wohnqualität der älteren Menschen wird deutlich stärker von Verkehrsstörungen wie Lärm oder Abgasen beeinträchtigt, als dies bei der Bevölkerung insgesamt der Fall ist» (Bundesamt für Statistik 2000: 20). Ein wichtiger Grund ist die stärkere subjektive Bedeutung der Wohnung im Alter und die Tatsache, dass ältere Menschen mehr Zeit in ihrer Wohnung verbringen bzw. verbringen müssen. Sie können damit Lärmbelastungen weitaus weniger ausweichen als jüngere Menschen. Zu einer guten Wohnpolitik für ältere Menschen gehören deshalb Lärmschutzmassnahmen und Strategien zur Verkehrsberuhigung; alles Massnahmen, von denen – in guter intergenerationeller Solidarität – auch junge Familien und Kinder profitieren.

Vor allem in städtischen Gebieten fühlen sich nicht wenige ältere Menschen gefährdet und bedroht. Mehr als jeder sechste Rentner fühlte sich gemäss den Haushaltspaneldaten 1999/2000 in seiner Wohngegend unsicher. Deutlich sind auch die Ergebnisse der Schweizerischen Gesundheitsbefragung 1997. Gemäss dieser Erhebung befürchtete gut ein Viertel der älteren Menschen, in den nächsten 12 Monaten ein Opfer von Diebstahl oder Einbruch zu werden. Ein Fünftel hatte Angst, ein Raubopfer zu werden. «Bemerkenswert ist, dass der Anteil Menschen, die befürchten, im Jahr nach der Befragung Opfer von Gewaltdelikten zu werden, deutlich höher ist als der Anteil jener, welche im Jahr vor der Befragung tatsächlich Opfer einer solchen Gewalttat geworden sind» (Bundesamt für Statistik 2000: 48). Ältere Frauen sind bezüglich Gewalt etwas ängstlicher als ältere Männer, obwohl sie nicht häufiger Opfer werden.

Auch gemäss der Wohnumfrage 2003 der Age Stiftung fühlen sich mit steigendem Lebensalter mehr Menschen spät abends auf der Strasse unsicher. Von den befragten 80-jährigen und älteren Menschen fühlen sich über 50% nach Anbruch der Dunkelheit auf der Strasse unsicher, wozu auch altersbedingte Seheinschränkungen bei Nacht beitragen. Wie in den anderen Studien fühlen sich auch hier die Frauen häufiger unsicher als die Männer: 47% der befragten Frauen, aber nur 17% der befragten Männer gaben an, sich nach Anbruch der Dunkelheit auf der Strasse unsicher zu fühlen. Neben dem Alter und dem Geschlecht ist auch das Vorhandensein einer Alltagsbeeinträchtigung bedeutsam: Während sich bei den nicht beeinträchtigten Befragten nur 28% unsicher fühlen, sind dies 45% der im Alltag leicht beeinträchtigten Personen und sogar 48% der zu Hause lebenden Personen mit bedeutsamen Alltagseinschränkungen. Eine multivariate Auswertung der Befragungsdaten (logistische Regression) liess erkennen, dass hohes Lebensalter, gesundheitliche Alltagsbeeinträchtigungen sowie Geschlechtszugehörigkeit (Frauen) gleichermassen hoch signifikante Einflussgrössen für ein verstärktes Unsicherheitsgefühl darstellen. In manchen Fällen führt dies bei diesen Gruppen zu einem verstärkten Rückzug in die eigene Wohnung, wodurch die Gefahr sozialer Isolierung ansteigt.

Das Gefühl von Unsicherheit in der Nachbarschaft ist speziell bei Frauen ausgeprägt.

Das Gefühl von Sicherheit in der Wohnumgebung wird im höheren Lebensalter teilweise von der Art und Weise der Nachbarschaftsbeziehungen bestimmt. Gute und enge Nachbarschaftskontakte erhöhen direkt wie indirekt das Gefühl von Sicherheit; sei es, dass im Notfall rasch auf Hilfe zu zählen ist; sei es, dass funktionierende Nachbarschaften eine informelle Kontrolle und Überwachung der Wohnumgebung ausüben. Aber auch bei den Nachbarschaftskontakten werden von der älteren Bevölkerung oft Lücken wahrgenommen: Nahezu 30% der 1999/2000 befragten 60- bis 79-jährigen Personen pflegten nach eigenen Angaben keine engen Nachbarschaftskontakte. Ein ähnlicher Wert wurde im Rahmen der Univox-Befragung 1998 festgestellt: 27% der

65- bis 84-jährigen Schweizer und Schweizerinnen gaben an, keine näheren Kontakte mit Nachbarn zu haben. Es existieren nach wie vor Gemeinden oder Quartiere mit funktionierenden Nachbarschaftsnetzen, aber für eine beträchtliche Minderheit älterer Menschen von heute ist dies nicht der Fall. Und gemäss Wohnumfrage 2003 der Age Stiftung vertritt gut ein Fünftel der älteren Menschen die Ansicht, dass die Verhältnisse in der Wohngegend einer Vereinsamung älterer Menschen Vorschub leisten. Zusammenfassend lässt sich einerseits festhalten, dass die überwiegende Mehrheit der zu Hause lebenden älteren Menschen heute von einem hohen bis sehr hohen Wohnstandard profitieren. Andererseits wird deutlich, dass sich für eine beträchtliche Minderheit älterer Menschen deutliche Probleme aus der unmittelbaren Wohnumgebung ergeben; sei es eine hohe Lärm- und Abgasbelastung; sei es Angst vor Gewaltakten und den Verlust guter Nachbarschaftskontakte. Deshalb sollten Wohnprojekte für ältere Menschen die unmittelbare Wohnumgebung berücksichtigen, und innovative Wohnprojekte müssen auch auf eine Verbesserung der Wohnumgebung zielen, etwa durch Massnahmen zur Verkehrsberuhigung und zur Erhöhung der öffentlichen Sicherheit (was beispielsweise eine engere Zusammenarbeit von Gerontologen mit der lokalen Polizei einschliesst). Zentral ist auch eine bessere Vernetzung von Menschen im Rahmen von Nachbarschaftsprojekten und eine Verbesserung intergenerationeller Kontakte im Quartier.

Eine gute individuelle Wohnsituation bei schlechter Gestaltung der Wohnumgebung führt zum verstärkten Rückzug ins Private.

Eine gute individuelle Wohnsituation bei schlechter Gestaltung der Wohnumgebung führt zu einem verstärkten Rückzug in die private Wohnung. Dies erhöht das Risiko einer Vereinsamung älterer Menschen. Wohnprojekte, die sich nur auf den Binnenbereich des Wohnens beziehen, die unmittelbare Wohnumgebung jedoch vernachlässigen, vermögen deshalb die Lebenslage älterer Menschen nur partiell zu verbessern.

Allgemeine Wohnzufriedenheit älterer Menschen

Im Allgemeinen weisen ältere Menschen von heute häufig ein hohes persönliches Wohlbefindens und eine hohe Lebenszufriedenheit auf. Die Pensionierung an sich löst keine globale Verschlechterung des Wohlbefinden aus. Das Ausscheiden aus dem Berufsleben wird nach einer Anpassungsphase mehrheitlich positiv erlebt. Im höheren Lebensalter entwickeln sich gesundheitliches Wohlbefinden und psychisches Wohlbefinden tendenziell gegenläufig: Mit steigendem Lebensalter nimmt die gesundheitliche Selbsteinschätzung eher ab, aber im höheren Lebensalter steigen psychisches Wohlbefinden und Lebenszufriedenheit eher an. So lassen die Daten der Schweizerischen Gesund-

Tabelle 17

Wohnzufriedenheit von zu Hause lebenden älteren Menschen – gemäss vier neueren Erhebungen

A) Univox-Erhebungen 1989 und 1999

	Zu Hause lebende Schweizer BürgerInnen nach Alter				
Jahre:	55–59	60–64	65–69	70–74	75+
Wohnzufriedenheitsindex*					
1989	3.3	3.4	3.3	3.4	3.2
1999	3.5	3.5	3.6	3.5	3.6

* Mittelwert einer Skala von 1: gar nicht zufrieden bis 4: sehr zufrieden

B) Schweizerische Einkommens- und Verbrauchserhebung 1998

	Zu Hause lebende Personen nach Alter			
Jahre:	40–54	55–61/64	62/65–74	75+
Nicht zufrieden mit Wohnsituation	6%	4%	4%	2%

C) Schweizerische Haushaltspaneldaten 1999/2000

	Zu Hause lebende Personen nach Alter				
Jahre:	55–59	60–64	65–69	70–74	75–79
N:	431	333	316	272	176
Zufriedenheit mit					
– Wohnung	8.8	8.8	9.0	8.9	9.1
– Lebensstandard	8.1	8.2	8.4	8.5	8.5
– Finanz. Lage	7.7	7.8	7.9	8.0	7.8

Zufriedenheit: Mittelwert einer Skala von 0 bis 10 (je höher, desto zufriedener).

D) Wohnumfrage 2003 der Age Stiftung

	Altersgruppe					
Jahre:	60–64	65–69	70–74	75–79	80–84	85+
Zufriedenheit mit Wohnsituation						
N:	205	205	208	156	150	83
– Zu Hause lebende Personen	8.7	8.5	8.9	8.8	9.0	9.2
N:					44	108
– Bewohner von Alterseinrichtungen	–	–	–	–	9.2	9.3

Mittelwert einer Skala von 1 bis 10 (je höher, desto zufriedener).

Quellen: A: Schaub 2000; B: Bundesamt für Statistik 2002; C: Haushalte mit Referenzperson im betreffenden Alter, befragt Sept. 1999–Feb. 2000; D: Wohnumfrage der Age Stiftung (Jan. bis April 2003).

heitsbefragung 1997 erkennen, dass ältere Menschen insgesamt ein höheres psychisches Wohlbefinden aufweisen als jüngere Menschen. Während bei den 15- bis 64-Jährigen 45% ein gutes psychisches Wohlbefinden erfahren, sind dies bei den 65-jährigen und älteren Personen über 60%. Die Daten des Schweizerischen Haushaltspanels 1999/2000 weisen in die gleiche Richtung, und die 65- bis 79-jährigen Menschen weisen insgesamt eine höhere Lebenszufriedenheit auf als jüngere Menschen. Die höhere Lebenszufriedenheit in den höheren Altersgruppen ist sowohl mit reduzierten Alltags- und Berufsbelastungen während der nachberuflichen Lebensphase verhängt als auch mit reduzierten Ansprüchen älterer Generationen (vgl. Höpflinger 2003; Perrig-Chiello 2000).

Eine hohe Wohnzufriedenheit älterer Menschen ist kein guter Gradmesser dafür, ob eine Wohnung altersgerecht ist.

Hohe Werte zeigen sich ebenfalls, wenn spezifisch nach der Wohnzufriedenheit gefragt wird (vgl. Tabelle 17). Gemäss Univox-Befragung stufen ältere Schweizer BürgerInnen ihre Wohnzufriedenheit auf einer Skala von 1 (gar nicht zufrieden) bis 4 (sehr zufrieden) mit durchschnittlich 3.5 sehr hoch ein. Im Zeitvergleich 1989 und 1999 wird sogar eine leichte Erhöhung der Wohnzufriedenheit deutlich. Heutige Rentner und Rentnerinnen schätzen ihre Wohnung eher noch positiver ein als frühere Rentnergenerationen. Dies hat sicherlich damit zu tun, dass sich die Wohnqualität vieler älterer Menschen – wie vorher aufgezeigt wurde – in den letzten Jahrzehnten verbessert hat.

Im Rahmen der Schweizerischen Einkommens- und Verbrauchserhebung 1998 gaben weniger als 5% der befragten älteren Menschen an, mit ihrer Wohnsituation nicht zufrieden zu sein. Sehr hohe Werte zur Wohnzufriedenheit bei zu Hause lebenden älteren Menschen wurden auch in der Schweizerischen Haushaltspanel-Erhebung 1999/2000 festgestellt, wobei die Wohnzufriedenheit höher liegt als die Zufriedenheit mit dem Lebensstandard oder der finanziellen Lage.

Hohe allgemeine Werte zeigen sich auch bei der Wohnumfrage 2003 der Age Stiftung. Auf einer Skala von 1 bis 10 bewegen sich die Werte der befragten zu Hause lebenden älteren Menschen zwischen 8.5 bis 9.2. Dabei äussern – im Gegensatz zu einer oft gehörten Vermutung – auch die befragten BewohnerInnen von Alters- und Pflegeeinrichtungen eine hohe allgemeine Wohnzufriedenheit. Es zeigen sich keine bedeutsamen Unterschiede in der allgemeinen Wohnzufriedenheit je nach Wohntyp.

Ein Vergleich der Wohnzufriedenheit bei zu Hause lebenden Befragten und in Heimen wohnenden Befragten lässt allerdings einige interessante Variationen erkennen (vgl. Tabelle 18):

a) Während sich bei den zu Hause lebenden älteren Menschen keine geschlechtsspezifischen Unterschiede der Wohnzufriedenheit zeigen, äussern bei den Heimbewohnern die Frauen eine signifikant höhere Zufriedenheit mit ihrer Wohnsituation als die Männer. Dies kann möglicherweise darauf zurückzuführen sein, dass die Minderheit der männlichen Heimbewohner sich unvermittelt an eine primär weiblich dominierte Wohnumwelt (mit grosser Überzahl von Frauen bei Pflegepersonal und Bewohnern) anzupassen hat. Gleichzeitig stammen betagte männliche Heimbewohner häufiger aus sozial desintegrierten Gruppen als ihre gleichaltrigen Mitbewohnerinnen (vgl. Höpflinger 2002).

b) Bei den zu Hause lebenden Befragten sind die zivilstandsspezifischen Unterschiede der allgemeinen Wohnzufriedenheit statistisch unbedeutend. Bei den Heimbewohnern findet sich dagegen die grösste Wohnzufriedenheit bei den Verwitweten und die geringste Zufriedenheit bei den Verheirateten. Dies kann darauf zurückgeführt werden, dass bei Paaren gesundheitliche Probleme im hohen Alter in einigen Fällen zu einer Wohntrennung zwingen (indem etwa der Ehemann im Heim wohnt, die Ehefrau jedoch weiterhin zu Hause lebt). Umgekehrt reduziert das Wohnen in einer Alters- und Pflegeeinrichtung, wie auch das Leben in einer Alterswohnung, das Risiko, nach einer Verwitwung oder Scheidung zu vereinsamen. Entsprechend zeigen verwitwete und geschiedene Heimbewohner eine höhere Wohnzufriedenheit als zu Hause lebende Verwitwete und Geschiedene.

c) Die allgemeine Wohnzufriedenheit ist bei den zu Hause lebenden Befragten in signifikanter Weise mit dem subjektiven Gesundheitszustand assoziiert. Je schlechter die Gesundheit eingeschätzt wird, desto problematischer wird die Wohnsitution eingeschätzt; beispielsweise, weil bei schlechter Gesundheit früher harmlose Wohnbarrieren nahezu unüberwindbar werden. Bei den Heimbewohnern ist die Wohnzufriedenheit dagegen vom Gesundheitszustand unabhängig, was der Zielsetzung von Heimen entspricht, alten Menschen auch bei schlechter Gesundheit eine optimale Wohnlage zu vermitteln.

Auch die Bewohnerinnen von Alterseinrichtungen äussern oft eine hohe Wohnzufriedenheit.

d) Erwartungsgemäss ist die allgemeine Wohnzufriedenheit mit der Wohngrösse assoziiert. Das Gefühl, zu wenig Platz für sich zu haben, schränkt die Zufriedenheit generell ein, und zwar bei beiden Wohnformen. Zu kleine Wohnverhältnisse reduzieren die Wohnzufriedenheit zu Hause lebender und in Heimen lebender Menschen in bedeutsamer Weise. Interessanterweise führt die Einschätzung der Wohnung als zu gross umgekehrt zu keiner Beeinträchtigung der allgemeinen Wohnzufriedenheit.

e) Nicht unerwartet ist die Beobachtung, dass die Wohnzufriedenheit von Haus- und Wohneigentümern höher liegt als bei Mietern. Dies widerspiegelt zwei Sachverhalte: Haus- und Wohneigentümer profitieren zum einen häufig von einem höheren Wohnstandard, und zum andern haben Eigentümer mehr Freiheiten, ihre Wohnung den persönlichen Bedürfnissen anzupassen.

Tabelle 18

Wohnzufriedenheit bei zu Hause lebenden und in Heimen wohnenden älteren Menschen 2003

Zufriedenheit mit Wohnsituation (Mittelwert einer Skala von 1 bis 10)

	Zu Hause lebende Befragte		HeimbewohnerInnen	
	N		N	
Geschlecht				
Frauen	574	8.9	140	9.4
Männer	433	8.7	95	8.8*
Zivilstand				
ledig	60	8.7	50	9.1
verheiratet	580	8.9	25	8.4
geschieden/getrennt	63	8.2	21	8.8
verwitwet	294	8.9	139	9.4*
Subjektiver Gesundheitszustand				
sehr schlecht, schlecht	33	7.9	32	9.4
mittelmässig	210	8.5	98	9.0
gut	495	8.8	86	9.2
sehr gut	263	9.2*	13	9.5
Wohnung/Zimmer				
zu klein	53	7.4	18	8.2
angemessen	792	8.8	209	9.3*
zu gross	148	9.0*	5	–
Eigentumsstatus				
Wohneigentümer	414	9.1		–
Mieter/Genossenschaftler	593	8.6*		–

* Gruppenunterschiede signifikant auf 1% (F-Test).

Ein Grund für die allgemein hohe Wohnzufriedenheit bei zu Hause lebenden Personen ist zum einen der früher angeführte hohe Wohnstandard der überwiegenden Mehrheit älterer Menschen. Zum anderen widerspiegelt die hohe Wohnzufriedenheit aber auch eine gute Passung zwischen persönlichen Bedürfnissen und der Wohnung: Die Wohnung wurde nach eigenem Geschmack eingerichtet, man hat sich an die Wohnung gewöhnt, und wer mit seiner Wohnsituation unzufrieden ist, wechselt in manchen Fällen in eine neue Wohnung. Die hohe Zufriedenheit mit der angestammten Wohnung führt dazu, dass ein Wechsel in eine neue Wohnung vielfach nicht gewünscht wird. Gleichzeitig führt die oft intensive gegenseitige Anpassung von Person und Wohnung dazu, dass manche Wohnungsmängel – die das Alter erschweren können – nicht oder nur spät wahrgenommen werden. Bei manchen älteren Menschen, die lange Jahre in ihrer Wohnung oder ihrem Haus gelebt haben, ist die Zufriedenheit mit der Wohnung auch bei objektiven Mängeln relativ hoch. In der Forschung wird dies als Zufriedenheitsparadox des Alters bezeichnet, da sich manche ältere Menschen auch bei objektiv schlechten Lebensverhältnissen zufrieden geben. «Dieses ‹Zufriedenheitsparadox› kann durch Gewöhnungs- und Anpassungseffekte, durch das Bemühen um die Aufrechterhaltung eines positiven Selbstbildes, durch Prozesse der Anspruchsniveauregulierung, sowie auch durch altersspezifische Bewertungskriterien und Antworttendenzen erklärt werden (‹rosy bias›)» (Motel et al. 2000: 125). Sowohl Gewöhnung und Anpassung an schlechte Wohnbedingungen als auch eine Verringerung der Ansprüche können auch bei objektiv schlechten Wohnverhältnissen zu einer hohen Wohnzufriedenheit führen. Eine hohe Wohnzufriedenheit älterer Menschen ist deshalb kein geeigneter Gradmesser dafür, ob eine Wohnung tatsächlich altersgerecht ist und auch bei altersspezifischen Einschränkungen die optimale Lösung darstellt. Entsprechend wichtig ist es, bei einer Untersuchung der Wohnlage älterer Menschen gezielt nach möglichen Barrieren und Hindernissen der aktuellen Wohnung bei altersbedingten Einschränkungen zu fragen (wie dies in Kapitel 5 geschieht).

5 Wohnwünsche, Wohnprobleme und Wohnperspektiven im höheren Lebensalter

Im Folgenden sollen die subjektiven Aspekte des Wohnens – persönlich bevorzugte Wohndimensionen, aber auch wahrgenommene Hindernisse sowie denkbare Wohnperspektiven im Alter – genauer untersucht werden. Wie erwähnt ist eine hohe allgemeine Wohnzufriedenheit älterer Menschen kein guter Gradmesser dafür, ob eine Wohnung auch bei altersspezifischen Einschränkungen noch eine gute Lösung darstellt. Die späteren Lebensjahre sind eine Phase des Lebens, die Fragen eines altersbedingten Wohnwechsels aktueller werden lässt. Je frühzeitiger diverse Wohnperspektiven für diese Lebensphase ins Auge gefasst werden, desto mehr Freiräume stehen auch im hohen Lebensalter offen.

Wohnwünsche älterer Menschen heute

Die Wohnwünsche von Menschen sind im Rahmen von standardisierten Erhebungen nicht einfach zu erfassen, da sich Menschen über ihre Wunschvorstellungen und persönliche Prioritäten vielfach nicht klar sind. So zeigte eine Durchsicht von Fragebogen zu Wohnfragen älterer Menschen, dass die subjektiven Seiten des Wohnens – Wohnwünsche sowie denkbare Wohnalternativen im Alter – bisher sehr selten erfragt wurden. Deshalb musste im Rahmen der Wohnumfrage 2003 der Age Stiftung ein eigenes Instrument zur Erfassung von Wohnwünschen erarbeitet werden; ein Erhebungsinstrument, das einerseits aussagekräftig ist und das andererseits die befragten Personen nicht überfordert. Nach intensiven methodischen Überlegungen erwies sich ein zweistufiges Verfahren als sinnvoll und praktikabel: In einer ersten Runde wurden die befragten Personen aufgefordert, zehn unterschiedliche Wohnaspekte als für sie persönlich sehr wichtig, wichtig oder weniger wichtig einzustufen. In einer zweiten Runde waren die zehn aufgeführten Wohnaspekte nach ihrer subjektiven Bedeutung zu rangieren. Durch dieses zweistufige Vorgehen wurde zum einen vermieden, dass fast alle Wohnaspekte gleichermassen als wichtig eingestuft wurden. Zum anderen wurde durch die erste Stufe die Aufgabe der Rangierung erleichtert und eine Überforderung der Befragten vermieden.

Gemütlichkeit der Wohnung – dieser Wohnwert steht bei vielen älteren Menschen an vorderster Stelle.

Tabelle 19

Subjektive Bedeutung verschiedener Wohnaspekte bei zu Hause lebenden Menschen im Alter von 60 Jahren und mehr (2003)

	Einschätzung der Wichtigkeit		**Rangierung** Drei ersten 3 Ränge		
	sehr wichtig	wichtig	1. R.	2. R.	3. R.
Wohnung muss gemütlich sein	73%	26%	42%	23%	16%
Wohnung muss kostengünstig sein	53%	40%	18%	20%	20%
Wohnung muss in der Nähe von Einkaufsmöglichkeiten liegen	52%	42%	9%	17%	17%
Wohnung muss ruhig sein	47%	46%	13%	21%	20%
Wohnung muss geräumig sein und Platz für Gäste haben	20%	53%	4%	4%	6%
In der Nähe der Wohnung sollten Angehörige leben	20%	43%	6%	5%	8%
In der Wohnung sollten Haustiere (Hunde, Katzen) erlaubt sein	20%	28%	3%	4%	4%
Wohnung muss rollstuhlgängig sein	18%	37%	3%	4%	5%
Um die Wohnung herum soll etwas los sein, Leben sein	9%	35%	1%	2%	2%
Ich möchte in meiner Wohnung zusammen mit anderen Menschen wohnen	8%	22%	2%	2%	3%

Zu den erfragten Wohnaspekten zählten einerseits klassische Wohndimensionen, wie eine gemütliche, ruhige und kostengünstige Wohnung. Andererseits wurden Aspekte wie Stimulation («um die Wohnung herum soll etwas los sein») und sozialräumliche Anbindung der Wohnung (Nähe zu Angehörigen, Nähe von Einkaufsmöglichkeiten) berücksichtigt. Soziale Aspekte (zusammen mit anderen Menschen wohnen, Platz für Gäste) wurden ebenfalls nachgefragt, wie auch die Wichtigkeit einer rollstuhlgängigen Wohnung sowie die Möglichkeit, Haustiere in der Wohnung zu halten, da im höheren

Lebensalter Mensch-Tier-Beziehungen ein wesentliches Element der Lebensqualität darstellen (vgl. Olbrich 1998).

Eine erste Betrachtung der Antworten (vgl. Tabelle 19) lässt ein eher traditionelles Wunschbild erkennen: Die Gemütlichkeit der Wohnung steht für die Mehrheit der befragten älteren Menschen an vorderster Stelle. Dies hängt damit zusammen, dass im höheren Lebensalter die Wohnung häufig den zentralen Lebensmittelpunkt darstellt und oft viel Zeit in der privaten Wohnung verbracht wird. Deshalb ist eine gute Übereinstimmung zwischen Person und Wohnung für die Lebensqualität im Alter entscheidend. Der Begriff «Gemütlichkeit» umfasst nicht allein eine gutbürgerliche Werthaltung, sondern er widerspiegelt auch eine gute emotionale Passung von Wohnung und Bewohnerin.

Kostengünstige und ruhige Wohnung – beides wird von vielen älteren Menschen stark betont.

Häufig im Zentrum steht auch der Wunsch nach einer kostengünstigen Wohnung, wobei allerdings nur 18% der Befragten diesen Aspekt auf den ersten Rang setzen. Auch eine ruhige Wohnung ist bei vielen älteren Menschen ein zentraler Wohnaspekt, weil aufgrund der enormen Bedeutung der Wohnung als Lebensmittelpunkt Lärmbelastungen besonders störend empfunden werden. Die Betonung einer ruhigen Wohnung und die Betonung einer gemütlichen Wohnung sind im Übrigen positiv assoziiert. Weit vorne – etwas überraschend – steht zudem der Wunsch nach nahen Einkaufsmöglichkeiten; ein Wunsch, der durch eine dezentrale Gestaltung von Einkaufsmöglichkeiten oder alternativ durch eine stadtnahe Wohnsituation erfüllt werden kann.

Soziale Aspekte (Platz für Gäste, Nähe zu Angehörigen, Haustiere) stehen für die Mehrheit der befragten Personen weniger im Zentrum. Sie werden zwar vielfach als wichtig bis sehr wichtig erachtet, geniessen jedoch zumeist keine erstrangige Priorität. Die Rollstuhlgängigkeit einer Wohnung, aber auch eine stimulierende Umgebung werden von den meisten Befragten als weniger wichtig eingeschätzt. Auch der Wunsch, zusammen mit anderen Menschen zu wohnen, steht nur bei einer relativ geringen Minderheit im Vordergrund.

Interessanter als die allgemeine Verteilung der Antworten ist allerdings die Frage, welche Gruppen von Personen jeweils spezifische Wünsche und Bedürfnisse äussern: Inwiefern verändern sich die Prioritäten mit dem Lebensalter oder mit wahrgenommenen gesundheitlichen Einschränkungen? Inwieweit zeigen sich Unterschiede nach Geschlecht, Lebensform, Wohneigentum und Bildungsniveau?

Im Folgenden wird – auf der Grundlage multivariater statistischer Analyseverfahren – überprüft, welche Wohnaspekte allgemein hoch bewertet werden und welche sozialen Merkmale zu unterschiedlichen Wohnwünschen beitragen.

«Wohnung muss gemütlich sein»: Gemütlichkeit ist ein Wohnwert, der relativ unabhängig von sozialen Merkmalen (Alter, Geschlecht, Eigentumsstatus, Bildungs-

niveau, Lebensform) von den befragten älteren Frauen und Männern gleichermassen stark betont wird. Einzig bei schlechter subjektiver Gesundheit tritt dieser Wohnaspekt in signifikanter Weise stärker in den Hintergrund. So erachten 76% der sich gesund einschätzenden Befragten eine gemütliche Wohnung als sehr wichtig, gegenüber 63% der Befragten, die ihre Gesundheit als mittelmässig bis schlecht einstufen. Darin widerspiegelt sich die naheliegende Lebenserfahrung, dass eine schlechte Gesundheit die Passung zwischen Wohnung und Person reduziert und gesundheitliche Beschwerden das Leben allgemein «ungemütlich» machen.

«Wohnung muss kostengünstig sein»: Kostengünstigkeit ist ebenfalls ein Wohnaspekt, der insgesamt gesehen bei den heute älteren Menschen eine recht hohe Priorität geniesst. Die Betonung der Kostengünstigkeit ist sachgemäss mit sozialen Schichtmerkmalen und der finanziellen Lage verhängt: Befragte, welche ihre finanzielle Lage als sehr gut erachten, gewichten diesen Wohnaspekt erwartungsgemäss weniger als Befragte in schwierigen finanziellen Verhältnissen, und auch mit steigendem Bildungsniveau wird Kostengünstigkeit weniger betont. Mieter und Mieterinnen erachten zudem eine kostengünstige Wohnung als wichtiger als Wohn- und Hauseigentümer, auch weil Mieter im Allgemeinen ärmer sind als Hauseigentümer. Gleichzeitig zeigt sich, dass Befragte, die ihre Wohnung als behinderungsgerecht erachten, bereit sind, für diesen Faktor zu zahlen. Eine multivariate Analyse («multiple classification analysis») belegt, dass gute finanzielle Lage, Wohneigentum, hoher Bildungsstatus und die Einschätzung der Wohnung als behinderungsgerecht gemeinsam hoch signifikant zu einer weniger starken Gewichtung der Kostengünstigkeit beitragen.

Frauen gewichten gute Einkaufsmöglichkeiten stärker als Männer.

«Wohnung muss in der Nähe von Einkaufsmöglichkeiten liegen»: Die Nähe zu Einkaufsmöglichkeiten wird von Frauen signifikant stärker betont als von Männern. Gleichzeitig gewichten Befragte, die tatsächlich genug Einkaufsmöglichkeiten in ihrer Wohnumgebung erfahren, diesen Wohnaspekt stärker. Dies lässt darauf schliessen, dass die Wahl des Wohnorts zumindest teilweise davon abhängig ist, ob nahe Einkaufsgelegenheiten persönlich als wichtig oder unwichtig angesehen werden. Bei immerhin 12% aller Befragten liegt allerdings zwischen Wunsch und Wirklichkeit eine wahrnehmbare Diskrepanz vor.

«Wohnung muss ruhig sein»: Eine ruhige Wohnung ist ebenfalls ein Wert, der von allen sozialen Gruppen und Altersklassen durchgehend stark gewichtet wird, und zwar unabhängig von der effektiven Lärmbelastung. Zwischen der Gewichtung von Wohnruhe und der tatsächlichen Lärmbelastung zeigt sich – an und für sich überraschend – keine signifikante Beziehung. Der Grund dafür kann sein, dass hier kaum Wahlfreiheiten bestehen. Manche ältere Menschen können sich eine ruhige Wohngegend gar nicht leisten. Zudem ist es bei älteren Menschen nicht selten der Fall, dass eine ursprünglich ruhige Wohngegend sich Jahre später in eine lärmige Wohnumge-

bung gewandelt hat. Wie früher festgestellt wurde, leiden viele ältere Menschen unter einer deutlichen Lärmbelastung (vgl. Kapitel 4). 21% aller über 60-jährigen zu Hause lebenden Menschen erleben zwischen dem Wunsch nach ruhigem Wohnen und ihrer tatsächlichen Lärmbelastung eine deutliche Diskrepanz.

«Wohnung muss geräumig sein und Platz für Gäste haben»: Auf den ersten Blick erscheint dieser Wohnwunsch mit steigendem Lebensalter zu sinken, und vor allem jüngere Rentner und Rentnerinnen wünschen sich eine geräumige Wohnung mit Gästezimmer. Die Detailanalyse zeigt allerdings, dass die zuerst gefundene Beziehung mit dem Alter an Bedeutung verliert, wenn andere Faktoren berücksichtigt werden. Der Wunsch nach einer geräumigen Wohnung sinkt mit dem Lebensalter nur leicht ab, und die Beziehung mit dem kalendarischen Alter verliert nach Kontrolle anderer Faktoren an statistischer Bedeutung. Der Haupteinflussfaktor ist diesbezüglich das soziale Milieu, gemessen durch das Bildungsniveau: Mit steigendem sozialem Bildungsstatus wird eine geräumige Wohnung, die das Übernachten von Gästen erlaubt, stärker gewichtet. Andere Einflussfaktoren – wie Wohneigentum, Alltagsbeeinträchtigungen sowie finanzielle Lage und aktuelle Beurteilung der Wohngrösse – sind hingegen bei multivariater Betrachtungsweise ohne statistische Bedeutung.

«In der Nähe der Wohnung sollten Angehörige leben»: Eine erste Analyse liess bedeutsame Unterschiede nach Alter, Geschlecht, Zivilstand, Vorhandensein von Kindern und Enkelkindern, Bildungsniveau sowie Alltagsbeeinträchtigungen erkennen. Eine detaillierte multivariate Analyse, die kontrollierte, welche dieser Faktoren tatsächlich einen statistisch bedeutsamen Effekt aufweisen, liess schlussendlich nur noch zwei klare Zusammenhänge erkennen:

Mit steigendem Lebensalter erhöht sich der Wunsch nach einer geographischen Nähe zu Angehörigen (Kinder, Enkelkinder).

Zum einen hängt die Gewichtung dieses Wohnaspekts erwartungsgemäss davon ab, ob überhaupt eigene Kinder vorhanden sind. Interessanterweise wird der Wunsch nach einer geografischen Nähe zu Angehörigen auch erhöht, wenn Enkelkinder vorhanden sind. Der Wunsch nach mehr Kontakten zu den Enkelkindern kann im höheren Lebensalter ein Motiv sein, in die Nähe der eigenen Kinder umzuziehen. 19% der Befragten leben allerdings nach eigenen Angaben zu weit von ihren Kindern und Enkelkindern entfernt.

Zum anderen erhöht sich mit steigendem Lebensalter der Wunsch nach einer geographischen Nähe zu Angehörigen. Er ist vor allem bei den hochbetagten Personen (80 Jahre und älter) ausgeprägt, und zwar unabhängig von Geschlecht, Zivilstand, Bildungsniveau oder funktionaler Gesundheit.

Die These, dass ältere Frauen an sich – unabhängig von anderen Faktoren – eine grössere Nähe zu ihren Angehörigen wünschen als ältere Männer, wird widerlegt. Aufschlussreich ist auch die Feststellung, dass gesundheitliche Einbussen an sich keine

Bedeutung aufweisen. Krankheit und funktionale Einschränkungen des Alters können im Einzelnen zwar den Wunsch nach nahen Angehörigen erhöhen, aber ebenso können gesunde ältere Menschen von nahe gelegenen Familienkontakten profitieren, so dass sich statistisch betrachtet zwischen dem Wunsch nach nahe gelegenen Angehörigen und dem Gesundheitszustand keine klare Beziehung ergibt.

«In der Wohnung sollten Haustiere (Hunde, Katzen) erlaubt sein»: Dieser Wohnaspekt steht kaum im Vordergrund. Er wird relativ unabhängig von sozialen und gesundheitlichen Merkmalen der befragten Personen weniger stark gewichtet. Allerdings haben wir in der Umfrage leider nicht danach gefragt, ob die älteren Befragten Haustiere haben und welchen Stellenwert sie diesen Haustieren in ihrem Leben zuordnen.

«Wohnung muss rollstuhlgängig sein»: Die Rollstuhlgängigkeit einer Wohnung ist für die meisten älteren Menschen kein prioritäres Thema, mit zwei Ausnahmen: Im Alltagsleben beeinträchtigte ältere Menschen gewichten eine rollstuhlgängige Wohnung deutlich stärker als körperlich unbeeinträchtigte gleichaltrige Menschen. Und wer die Rollstuhlgängigkeit einer Wohnung stärker gewichtet, lebt häufiger in einer behindertengerechten Wohnung. Allerdings zeigt sich aber auch, dass gut 22% aller älteren Befragten eine rollstuhlgängige Wohnung zwar als wichtig bis sehr wichtig einstufen, sie ihre aktuelle Wohnung jedoch gleichzeitig als ungeeignet ansehen, um bei grösseren Behinderungen hier wohnen bleiben zu können. Dies weist auf ein recht hohes Ausmass an wünschbaren Wohnanpassungen hin; ein Punkt, der im nächsten Abschnitt genauer analysiert wird.

«Um die Wohnung herum soll etwas los sein, Leben sein»: Stimulation und Leben in der Wohnumgebung sind Wohnaspekte, die von der Mehrheit aller Befragten kaum betont werden, und zwar unabhängig von sozialen Merkmalen (Bildungsniveau, Lebensform). Dies hat sicherlich damit zu tun, dass Stimulation und eine lebendige Wohnumgebung keine öffentlich diskutierten Wohnthemen des Alters darstellen. «Alter und Ruhe» – und nicht «Alter und Leben» – sind verankerte Bestandteile traditioneller Altersbilder. Eine stimulierende Wohnumgebung wird sachgemäss von Befragten weniger betont, die viel Wert auf eine ruhige Wohnung legen. Ansonsten zeigt sich eine leichte, aber nur schwach signifikante negative Beziehung mit dem Lebensalter. Die einzig klare statistische Beziehung zeigt sich mit funktionalen Alltagsbehinderungen, und gesunde Befragte gewichten diesen Aspekt leicht höher als im Alltagsleben beeinträchtigte Menschen, die oft zum Rückzug in die eigene private Wohnung neigen.

«Ich möchte in meiner Wohnung zusammen mit anderen Menschen wohnen»: Das Zusammenleben mit anderen Menschen wird erwartungsgemäss von Menschen in grösseren Haushalten stärker betont als von allein lebenden Befragten. Von den allein lebenden Befragten erachten 79% das Zusammenleben mit anderen Menschen als weniger wichtig, im Gegensatz zu 44% der Befragten in Drei-Personen-Haushalten. Immerhin 21% der Alleinlebenden möchten allerdings mit anderen Menschen zusammen wohnen, auch wenn dieser Wunsch keine hohe Priorität aufweist. Daneben betonen

Männer – unabhängig von der Lebensform – diesen sozialen Wohnaspekt leicht stärker als Frauen, auch weil Männer vielfach mehr Schwierigkeiten mit längerem Alleinleben und selbstständigem Haushalten aufweisen als Frauen.

Insgesamt zeigen sich einerseits einige bedeutsame Unterschiede der geäusserten Wohnwünsche nach der sozialen oder gesundheitlichen Situation. Dies gilt vor allem für Aspekte wie Kostengünstigkeit, Geräumigkeit, aber auch für die erwünschte geografische Nähe zu Angehörigen. Andererseits werden verschiedene Wohnaspekte – wie Gemütlichkeit – von nahezu allen Befragten gleichermassen hoch gewichtet, wogegen andere Wohnaspekte – wie Stimulation und Zusammenwohnen mit anderen Menschen – gegenwärtig eher im Hintergrund stehen.

Die Wohnvorstellungen der heutigen Generation älterer Menschen erweisen sich insgesamt betrachtet als relativ traditionell. Sie entsprechen stark traditionellen Altersbildern zum Rentenalter (Rentenalter als Ruhestand). Dies hängt damit zusammen, dass heutige Generationen älterer Menschen zwar oft auch im Rentenalter aktiv sind, sie jedoch gleichzeitig die private Wohnung – wie auch das private Familienleben – aufgrund ihrer bisherigen Lebenserfahrungen häufig als zentrales Rückzugs- und Erholungsgebiet definieren: Die private Wohnung ist der Ort, wo sich Menschen von der Hektik des öffentlichen Lebens erholen können, und entsprechend stehen etwa Werte wie Gemütlichkeit und Ruhe im Zentrum.

Die ersten Analysen liessen allerdings auch erkennen, dass Wohnwunsch und Wohnwirklichkeit auseinander klaffen können, etwa bezüglich Lärmbelastung und Rollstuhlgängigkeit der Wohnung. Im Folgenden sollen deshalb gezielt die wahrgenommenen Wohnhindernisse im Alter untersucht werden.

Wahrgenommene Barrieren und Wohnhindernisse im Alter

Methodisch bestehen zwei unterschiedliche Strategien, um problematische oder heikle Aspekte des Lebens in einer Befragung anzusprechen: Zum einen können Frageformen benützt werden, die einen heiklen Punkt nur indirekt ansprechen. Damit wird die Gefahr reduziert, dass Befragte beschönigende Antworten geben. Zum anderen kann direkt nach einem problematischen Aspekt gefragt werden. Der Vorteil liegt darin, dass den Befragten das angesprochene Thema verdeutlicht wird, wogegen indirekte Frageformen die Befragten im Unklaren lassen, was eigentlich angesprochen wird (vgl. Foddy 1993).

Gut die Hälfte der älteren zu Hause lebenden Menschen erachten ihre Wohnung als nicht behindertengerecht.

Im Rahmen der Wohnumfrage 2003 der Age Stiftung wurden die zu Hause lebenden älteren Frauen und Männer direkt danach gefragt, ob ihre aktuelle Wohnung bei einer grösseren Behinderung geeignet wäre: «Was denken Sie, ist Ihre Wohnung geeignet, dass Sie auch mit einer (grösseren) Behinderung noch hier wohnen bleiben könnten, wenn Sie z. B. auf einen Rollstuhl angewiesen wären?» Anschliessend wurde danach gefragt, wo die Befragten bei Behinderungen gegebenenfalls Schwierigkeiten sehen.

Bei der Interpretation der Antworten ist zu berücksichtigen, dass die verwendete Frageform – und namentlich der konkrete Hinweis auf einen Rollstuhl – dazu beitrug, dass die befragten Frauen und Männer primär auf mobilitätsbedingte Wohnhindernisse reagierten und weniger auf andere mögliche Wohnprobleme (ungenügende Lichtverhältnisse, Sturzrisiken, Einbruchsgefahr u. a.).

Viele ältere Menschen realisieren schon im gesunden Rentenalter, dass ihre aktuelle Wohnung im hohen Lebensalter ungeeignet ist.

Das an und für sich erstaunlichste Ergebnis der direkten Frage ist, wie häufig die älteren Befragten trotz hoher allgemeiner Wohnzufriedenheit die Eignung ihrer aktuellen Wohnung beim Auftreten einer körperlichen Behinderung verneinen (vgl. Tabelle 20): Gut die Hälfte (51%) der 60-jährigen und älteren Befragten erachten ihre Wohnung im Fall einer Mobilitätsbehinderung als ungeeignet. 29% bejahen die Frage, aber mit Einschränkungen, und nur 17% erachten ihre Wohnung als uneingeschränkt geeignet. Auffallend ist dabei, dass die Unterschiede nach Wohntypus nicht besonders markant sind: Bewohner und Bewohnerinnen von Mehrfamilienhäusern erachten ihre Wohnung zu 53% als nicht behindertengerecht, aber auch bei den Bewohnern von Einfamilienhäusern sind es 47%. Einfamilienhäuser sind keineswegs häufiger behindertengerecht eingerichtet als grosse Wohnblöcke.

Mit steigendem Lebensalter wird die Wahrnehmung der Wohnung leicht kritischer, aber auch viele jüngere RentnerInnen stehen der altersgerechten Gestaltung ihrer aktuellen Wohnung skeptisch gegenüber. Überraschend ist umfragemethodisch auch der geringe Anteil von «weiss nicht»-Antworten. Dies weist darauf hin, dass die Frage einer altersgerechten Eignung der Wohnung für die grosse Mehrheit älterer Menschen ein durchaus anerkanntes Thema darstellt, das keineswegs allgemein tabuisiert wird. Diese Interpretation der Antworten wird dadurch unterstützt, dass die Einschätzung der Wohnung als nicht behinderungsgerecht relativ unabhängig vom aktuellen Gesundheitszustand und Hilfebedarf geschieht. Wohnungen werden nicht erst dann als problematisch wahrgenommen, wenn das Problem aktuell ist, sondern manche ältere Menschen antizipieren schon im gesunden Rentenalter mögliche potentielle Wohnprobleme.

Erwartungsgemäss zeigt sich ein statistisch bedeutsamer Zusammenhang zwischen der allgemeinen Wohnzufriedenheit und der Beurteilung der Wohnung als behindertengerecht. Wer in einer behindertengerecht eingestuften Wohnung lebt, zeigt eine höhere Wohnzufriedenheit, möglicherweise weil damit die Zukunftsperspektiven besser sind. Nicht unerwartet ist auch die Feststellung, dass das Vorhandensein eines Lifts die Beurteilung einer Wohnung als behindertengerecht entscheidend beeinflusst:

Tabelle 20

Wahrgenommene altersspezifische Hindernisse der aktuellen Wohnung 2003

A) «Was denken Sie, ist Ihre Wohnung geeignet, dass Sie auch mit einer (grösseren) Behinderung noch hier wohnen bleiben könnten, wenn Sie z. B. auf einen Rollstuhl angewiesen wären?»

	Alter						
	60–64	65–69	70–74	75–79	80–84	85+	60+
N:	205	205	210	158	150	84	1012
ja, gut geeignet	21%	21%	12%	15%	20%	13%	17%
ja, aber mit Einschränk.	33%	27%	28%	29%	25%	29%	29%
nein	44%	49%	55%	53%	53%	52%	51%
ich weiss nicht	1%	3%	3%	3%	1%	2%	2%
k. A.	1%	–	2%	1%	1%	4%	1%

B) «Wo würden Sie bei Behinderungen allenfalls Schwierigkeiten in ihrer Wohnung sehen?»

	Alter						
	60–64	65–69	70–74	75–79	80–84	85+	60+
Erwähnt (Anteil in %)							
N:	205	205	210	158	150	84	1012
– Türrahmen/-schwellen	45%	47%	52%	46%	48%	60%	49%
– Treppen ungeeignet	66%	75%	76%	69%	68%	71%	71%
– Bad/WC ungeeignet	52%	60%	60%	49%	53%	67%	56%
– Küche ungeeignet	32%	38%	44%	34%	41%	35%	38%
Bei Mietwohnungen							
N:	95	106	108	84	92	43	528
– Vermieter würde keine Umbauten bewilligen	31%	35%	35%	36%	22%	30%	32%

Ist im Haus ein Lift vorhanden, betrachten nur 30% der befragten Personen ihre Wohnung bei Behinderung als ungeeignet, im Gegensatz zu 57% der Bewohner von Häusern ohne Lift.

Am meisten Schwierigkeiten bieten bei mobilitätsbezogenen Behinderungen sachgemäss die Treppen. Aber auch Türschwellen sind häufige Hindernisse. Eine Mehrheit erachtet zudem ihr Bad und WC als nicht rollstuhlgängig, und nahezu 40% stufen auch die Küche nicht als behindertengerecht ein. Nahezu ein Drittel der MieterInnen befürchtet zudem, dass die Vermieter entsprechende Anpassungen und Umbauten nicht bewilligen würden. In welchem Masse solche Befürchtungen angebracht sind, lässt sich auf der Grundlage dieser Befragung nicht feststellen.

Neuere Generationen dürften im Alter vermehrt Wohnanpassungen gegenüber einem Wohnwechsel bevorzugen.

Da viele der befragten Frauen und Männer – namentlich in den jüngeren Rentnerjahren – gesund sind und dies oft für längere Zeit bleiben werden, ist eine nicht rollstuhlgängige Wohnung momentan und oft auch auf längere Zeit hin kein dringendes Gegenwartsproblem. Deshalb ergeben sich viel tiefere Werte, wenn nach aktuell vorhandenen Hindernissen oder Erschwernissen gefragt wird. So führen nur 9% der Befragten an, der Zugangsweg zu ihrer Wohnung sei beschwerlich, und nur 3% erachten einen Abbau baulicher Hindernisse in der Wohnung für ihre derzeitige Lebenssituation als bedeutsame Verbesserung. Diese geringen Werte sind sachgemäss auch darauf zurückzuführen, dass körperlich oder geistig stark behinderte ältere Menschen häufig schon in eine Alterseinrichtung gewechselt haben.

Die fehlende Eignung vieler Wohnungen für das hohe Lebensalter ist für die meisten befragten älteren Menschen primär ein Zukunftsproblem. Bei schweren gesundheitlichen Einschränkungen wird dieses Problem gegenwärtig häufig durch einen Umzug in eine Alterswohnung oder in eine Alters- und Pflegeeinrichtung gelöst. Zukünftig ist es jedoch durchaus denkbar, dass neuere Generationen älterer Menschen vermehrt Wohnanpassungen gegenüber einem Wohnwechsel bevorzugen. Dies dürfte insbesondere für ältere Menschen in selbst bewohnten Einfamilienhäusern oder Eigentumswohnungen zutreffen.

Ob die Wahrnehmung möglicher Wohnprobleme im Fall altersspezifischer Behinderungen bei gegenwärtig vielfach noch gesunden älteren Menschen tatsächlich zu einer konkreten Planung beiträgt, soll im Folgenden genauer diskutiert werden.

Gedanken zu einem Wohnwechsel und Anmeldung in Alters- und Pflegeheim

Die Antizipation eines altersbedingten Wohnwechsels wurde ebenfalls direkt erfragt: «Haben Sie sich schon über einen Wohnwechsel aus Altersgründen Gedanken gemacht oder nicht?» Diese direkte Frageform führt möglicherweise zu einem höheren Anteil der Personen, die angeben, sich Gedanken gemacht zu haben, als wenn indirekt gefragt worden wäre.

Insgesamt gaben nahezu 60% der zu Hause lebenden Befragten ehrlicherweise an, sich bisher nicht grosse Gedanken über einen altersbedingten Wohnwechsel gemacht zu haben. 28% der Befragten gaben an, sich zwar gedanklich damit beschäftigt zu haben, dies aber nicht gründlich. Nur 14% erwähnten, sich gründlich mit einem Wohnwechsel beschäftigt zu haben (vgl. Tabelle 21).

Tabelle 21

Gedanken zum Wohnwechsel aus Altersgründen und Anmeldung in ein Alters- oder Pflegeheim bei zu Hause lebenden älteren Menschen

A) Haben Sie sich schon über einen Wohnwechsel aus Altersgründen Gedanken gemacht oder nicht?

	Alter						
	60–64	65–69	70–74	75–79	80–84	85+	60+
N:	205	205	210	158	150	84	1012
ja, gründlich	10%	11%	11%	10%	23%	32%	14%
ja, nicht gründlich	29%	24%	28%	29%	31%	25%	28%
nein	61%	62%	62%	60%	47%	43%	58%
k. A.	–	3%	–	1%	–	–	1%

B) Haben Sie sich in einem Alters- oder Pflegeheim angemeldet oder nicht?

	Alter						
	60–64	65–69	70–74	75–79	80–84	85+	60+
N:	205	205	210	158	150	84	1012
ja	1%	3%	7%	11%	24%	36%	10%
nein	99%	97%	93%	89%	74%	63%	89%
k. A.	–	–	–	–	2%	1%	1%

Erwartungsgemäss machen sich vor allem die jüngeren Altersgruppen weniger Gedanken über einen altersbedingten Wohnwechsel. Eine Mehrheit, die sich mehr oder weniger gründliche Gedanken zu einem Wohnwechsel macht, findet sich erst bei den 80-jährigen und älteren Personen. Zu den möglichen Wohnformen im Alter gehört ein Umzug in ein Alters- und Pflegeheim, und bei den 80-jährigen und älteren Befragten findet sich ein beachtlicher Anteil von Menschen, die sich schon konkret für ein Alters- und Pflegeheim angemeldet haben: Fast ein Viertel der befragten zu Hause lebenden 80- bis 84-Jährigen planen, früher oder später in ein Heim zu ziehen. Bei den zu Hause lebenden 85-Jährigen und älteren sind es sogar mehr als ein Drittel.

Gut sechzig Prozent der zu Hause lebenden älteren Menschen geben an, sich bisher kaum Gedanken zu einem altersbedingten Wohnwechsel gemacht zu haben.

Tabelle 22

Gedanken zu einem Wohnwechsel aus Altersgründen und Anmeldung in Altersheim nach ausgewählten Merkmalen

	N	Gedanken über Wohnwechsel gemacht	Anmeldung in Alters- u. Pflegeheim
Geschlecht			
– Männer	436	39%	7%
– Frauen	576	44%	13%
Lebensform			
– verheiratet	584	38%	6%
– nicht verheiratet	418	47%*	16%**
Wohnung bei Behinderung			
– gut geeignet	175	36%	9%
– mit Einschränk. geeignet	288	31%	7%
– ungeeignet	511	50%**	12%
Subjektive Gesundheit			
– sehr gut	264	38%	7%
– gut	497	39%	8%
– schlecht/mittelmässig	245	50%*	18%**
Im Alltagsleben beeinträchtigt			
– nein	650	36%	9%
– ja, leicht	255	52%	11%
– ja, ziemlich/schwer	103	50%**	19%*

* bivariater Unterschied signifikant auf 1% (Chi-Quadrat-Test).

** Unterschied auch bei multivariater Analyse (logistische Regression) – unter Kontrolle von Alter und den jeweils anderen Variablen – auf 1% signifikant.

Dieser hohe Anteil an Anmeldungen für ein Alters- und Pflegeheim widerspiegelt nicht immer nur eine vorsorgende Planung, sondern in einigen Regionen auch die Befürchtung, im Bedarfsfall aufgrund eines Mangels an Pflegeplätzen keinen Platz im lokalen Heim zu finden. Lange Anmeldungslisten sind oft Hinweis auf ein knappes Angebot an Alters- und Pflegeheimplätzen; eine Situation, welche die Wahlfreiheit der betroffenen älteren Menschen negativ beeinflusst.

Überlegungen zu einem altersbedingten Wohnwechsel wie auch eine Anmeldung für ein Alters- und Pflegeheim sind bei schlecht eingeschätzter Gesundheit wie auch bei beeinträchtigtem Alltagsleben aufgrund körperlicher Altersbeschwerden häufiger. Gedanken zu einem Wohnwechsel aus Altersgründen werden zudem häufiger angestellt, wenn die Wohnung bei Behinderungen als ungeeignet eingeschätzt wird. Allein lebende Frauen und Männer machen sich mehr Gedanken über einen Wohnwechsel als Verheiratete. Auch die Anmeldung für ein Alters- und Pflegeheim

Tabelle 23

Zu Hause wohnende Personen im Alter von 60 Jahren und älter: Vorstellbare Wohnmöglichkeiten in Zukunft

Frage: «Welche Wohnmöglichkeiten könnten Sie sich in Zukunft für sich vorstellen? Könnten Sie wohnen ...»

	Zu Hause lebende Personen im Alter von 60 Jahren und älter (N: 1012)			
	ja, denkbar	nur wenn es sein muss	nein	k. A./ w. n.
– In einer kleineren Wohnung	30%	35%	34%	1%
– In einem privaten Zimmer oder Wohnungsteil	6%	17%	75%	2%
– In einer speziellen Alterswohnung	28%	42%	28%	2%
– In einer Seniorenresidenz	27%	24%	46%	2%
– In einer (Alters-) Wohngemeinschaft	11%	25%	62%	3%
– In einem Altersheim	15%	63%	22%	1%
– In einem Pflegeheim	3%	78%	17%	2%
– In einer Pflegewohnung	10%	59%	30%	1%

ist vom Zivilstand abhängig, da verheiratete Männer und Frauen im Fall einer Behinderung mit der Pflege durch die Partnerin bzw. den Partner rechnen können (vgl. Tabelle 22).

Die multivariate Analyse der Befragungsdaten lässt erkennen, dass die Antizipation eines Wohnwechsels aus Altersgründen am stärksten durch gesundheitlich bedingte Einschränkungen des Alltagslebens sowie durch eine fehlende Eignung der aktuellen Wohnung bei Behinderungen ausgelöst wird. Es sind somit konkrete Erfahrungen mit funktionalen Erschwernissen – körperlicher Art und durch eine ungeeignete Wohnung bedingt –, die dazu beitragen, sich mit einem Wohnungswechsel vertraut zu machen. Das Alter an sich, die Lebensform wie auch die subjektive Gesundheit erweisen sich hingegen bei multivariater Betrachtung als statistisch nicht mehr bedeutsam. Dasselbe gilt für die Geschlechtszugehörigkeit, den Eigentumsstatus (Wohneigentum oder Miete), die allgemeine Wohnzufriedenheit oder eine hohe Wohndauer.

Bei der konkreten Anmeldung für ein Alters- und Pflegeheim bleibt hingegen auch nach Kontrolle der gesundheitlichen Lage und der funktionalen Wohnaspekte das kalendarische Alter eine hoch signifikante Einflussgrösse. Unabhängig von anderen Faktoren erfolgt eine Anmeldung in ein Alters- und Pflegeheim erst im höheren Lebensalter (von 80 Jahren und älter). Auf der anderen Seite sind eine nicht behindertengerechte Wohnung und funktionale Alltagseinschränkungen weniger relevant, sondern die Wahrscheinlichkeit einer Anmeldung steigt bei schlecht eingeschätzter subjektiver Gesundheit und wenn eine Person nicht bzw. nicht mehr verheiratet ist. Dies entspricht der Beobachtung, dass nicht verheiratete alte Menschen häufiger in Alters- und Pflegeheimen leben als gleichaltrige verheiratete Frauen und Männer.

Perspektiven – denkbare und undenkbare Wohnformen im Alter

Für ältere und hochbetagte Menschen existieren heute verschiedene Wohnoptionen, und selbst für pflegebedürftige Menschen wurden neben klassischen Alters- und Pflegeheimen diverse neue Wohnmöglichkeiten eingerichtet, etwa Pflegewohngruppen (vgl. Kapitel 6). In diesem Kapitel soll genauer untersucht werden, welche alternativen Wohnformen für zu Hause lebende Frauen und Männer denkbar oder undenkbar sind. Auch diesbezüglich wurde direkt gefragt: «Welche Wohnmöglichkeiten könnten Sie sich in Zukunft für sich vorstellen?» (vgl. Tabelle 23).

Die direkte Frageform erhöht den Anteil von Befragten, die eine gegebene Wohnform als denkbar erachten. Die Gefahr einer zu starken Ja-Sage-Tendenz wurde durch die Antwortkategorien (ja, vorstellbar; ja, nur wenn es sein muss; nein) reduziert, da damit der zentralen Tatsache Rechnung getragen wird, dass einige Wohnoptionen im Alter – etwa ein Eintritt in eine Pflegeeinrichtung – gezwungenermassen «gewählt» werden (müssen).

Ein Wechsel in eine kleinere Wohnung wird sehr gemischt bewertet: 30% erachten es als vorstellbar, 34% verneinen dies, und weitere 35% sehen dies nur als eine Notlösung. Die entsprechenden Analysen verdeutlichen, dass diese Option vor allem in Frage kommt, wenn die aktuelle Wohnung als zu gross erachtet wird und sich die Befragten zu einem Wohnwechsel schon Gedanken gemacht haben. Soziale oder gesundheitliche Faktoren spielen dagegen keine Rolle, ausser dass Wohn- und Hauseigentümer leicht häufiger eine Verkleinerung des Wohnraums wünschen als Mieter. Die Option eines Wechsels in eine kleinere Wohnung äussern vor allem Wohneigentümer, die in einem Einfamilienhaus leben. Tatsächlich kann ein geräumiges Einfamilienhaus – unter Umständen mit ausgedehntem Garten – im hohen Lebensalter für eine allein lebende ältere Person zur Belastung werden. Ein Wechsel in eine kleinere, aber altersgerecht eingerichtete Wohnung – möglicherweise in der Nähe eines Alterszentrums – kann in solchen Fällen die beste Lösung darstellen. Eine Alternative dazu wäre, einzelne Zimmer oder Hausteile an eine jüngere Person zu vermieten. Dies erfordert allerdings eine hohe gegenseitige Toleranz zwischen den Generationen.

Die Option eines Wechsels in eine kleinere Wohnung äussern vor allem Wohneigentümer.

Tabelle 24

Zu Hause lebende Personen im Alter von 60 Jahren und mehr: Ansichten zum Wechsel in eine Alterswohnung

	N	Wechsel in eine (spezielle) Alterswohnung			
		ja, kommt in Frage	nur wenn es sein muss	nein	k. A./ w. n.
Subjektive Gesundheit					
– schlecht/mittelmässig	251	36%	33%	28%	3%
– gut/sehr gut	761	25%	45%	28%	2% *
Aktuelle Wohnung bei Behinderung					
– ungeeignet	549	32%	41%	25%	2%
– geeignet	463	23%	44%	31%	2% *
Bereits Gedanken zu Wohnwechsel					
– nein	592	21%	45%	32%	2%
– ja	420	38%	38%	22%	2% *
In Altersheim-angemeldet					
– nein	907	25%	44%	29%	2%
– ja	107	47%	29%	21%	3% *

* Gruppenunterschiede auf 1% signifikant (Chi-Square-Test).

Eine hohe Ablehnung – von insgesamt 75% – erfährt der Umzug in ein privates Zimmer oder der Rückzug auf einen Wohnungsteil, und zwar durchgehend durch alle sozialen Gruppen. Untermietsverhältnisse und die Einschränkung auf nur ein Zimmer werden auch von älteren Menschen grossmehrheitlich abgelehnt.

Überraschend gemischt sind die Reaktionen zu speziellen Alterswohnungen: 28% der Befragten bejahen diese Wohnmöglichkeit, 28% verneinen sie, und 42% sehen dies ebenfalls nur als Notlösung. Mit dem Begriff «Alterswohnung» verbindet sich gerade auch die Akzeptanz seines eigenen Alterns, und viele gesunde 60- bis 75-jährige Menschen fühlen sich nicht als «alt». Ein Wechsel in eine spezielle Alterswohnung wird entsprechend häufiger bei mittelmässiger bis schlechter gesundheitlicher Selbsteinschätzung ins Auge gefasst sowie wenn die aktuelle Wohnung bei Behinderungen als ungeeignet wahrgenommen wird. Manche Befragte, für welche eine Alterswohnung als Option in Frage kommt, haben sich bereits Gedanken zu einem Wohnwechsel gemacht, und viele haben sich schon konkret für ein Altersheim angemeldet (vgl. Tabelle 24).

Die Wohnform einer Seniorenresidenz stösst bei den heutigen älteren Generationen gleichfalls auf eine gemischte Reaktion, obwohl der Begriff «Senior» weniger negativ belastet ist als das Wort «alt». Momentan überwiegen noch die negativen

Tabelle 25

Zu Hause lebende Personen im Alter von 60 Jahren und mehr: Ansichten zum Umzug in eine Seniorenresidenz

	N	**Wechsel in eine Seniorenresidenz** ja, kommt in Frage	nur wenn es sein muss	nein	k. A./ w. n.
Bildungsniveau					
– primäre Ausbildung	373	17%	31%	49%	3%
– sekundäre Ausbildung	480	33%	19%	47%	1%
– tertiäre Ausbildung	159	33%	24%	38%	5% *
Haushaltseinkommen					
– bis Fr. 4000.–	450	21%	25%	52%	2%
– Fr. 4001– Fr. 6000.–	327	29%	24%	45%	2%
– über Fr. 6000.–	179	37%	22%	39%	2% *
Eigentumsstatus					
– Mieter/Genossenschaftler	598	29%	22%	46%	3%
– Haus- und Wohneigentümer	414	24%	27%	48%	1%

* Gruppenunterschiede auf 1% signifikant (Chi-Square-Test).

Meinungen: 27% stehen der Idee einer Seniorenresidenz positiv gegenüber, und 46% sind diesbezüglich negativ eingestellt. Die Unterstützung für diese Wohnoption ist bei älteren Menschen mit höherem Bildungsniveau signifikant stärker, und die Attraktivität einer Seniorenresidenz steigt auch mit dem Haushaltseinkommen an (vgl. Tabelle 25). Seniorenresidenzen sind primär eine Option für reichere, gut gebildete ältere Menschen.

Seniorenresidenzen stossen gegenwärtig noch auf ein gemischtes Echo. Es ist vor allem eine Option für reichere, gut gebildete ältere Menschen.

Hingegen ist der Wohneigentumsstatus als solcher ohne Bedeutung, wie auch Faktoren des sozialen Netzes (wie etwa das Fehlen von eigenen Kindern oder der Zivilstand) keine klare Bedeutung aufweisen. Die Akzeptanz einer Seniorenresidenz ist zudem nicht – wie diejenige anderer Wohnformen – mit Aspekten der subjektiven und funktionalen Gesundheit verknüpft. Im Gegensatz zu Alters- und Pflegeheimen ist das Bild der Seniorenresidenz nicht mit Krankheit und Behinderungen verknüpft. Umgekehrt gilt aber auch nicht, dass nur gesunde Senioren eine Seniorenresidenz attraktiv finden. Dies kann unter ungünstigen Umständen zu einem Wertkonflikt innerhalb von Seniorenresidenzen beitragen, da eine Gruppe eine Seniorenresidenz primär als Wohnform für aktive und kompetente ältere Menschen betrachtet, wogegen eine andere Gruppe die Seniorenresidenz eher als Betreuungs- und Pflegeeinrichtung für gut Situierte wahrnimmt.

Durch Medienberichte hat die Idee einer Alterswohngemeinschaft oder einer Altershausgemeinschaft eine erhöhte Aufmerksamkeit erfahren. Auch bei Fachleuten der Altersarbeit – die in ihren jüngeren Lebensphasen teilweise schon Wohngemeinschaftserfahrungen gemacht haben – stösst der Gedanke einer Alters-WG auf viel Sympathie.

Das mediale und gerontologische Interesse an dieser gemeinschaftlichen Lebensform hat zu einer interessanten Diskrepanz zwischen der allgemeinen Bewertung dieser Lebensform und den konkreten Wünschen älterer Menschen geführt. Einerseits hat der Gedanke einer Alterswohngemeinschaft in den letzten Jahren gesellschaftlich eine erhöhte Akzeptanz erfahren. Dies illustrieren die Univox-Umfragen 1986 bis 2002: Der Anteil von Schweizer StimmbürgerInnen, die ein gemeinschaftliches Wohnen allgemein positiv einschätzen, stieg zwischen 1986 und 2002 von 18% auf 49% an. Auch bei der älteren Bevölkerung gewann die Idee wohngemeinschaftlichen Lebens eine stärkere Zustimmung. Die 65- bis 84-jährigen Befragten unterstützten die Idee der Wohngemeinschaft im Jahre 1986 nur zu 14%. Im Jahre 2002 beurteilten dagegen schon 35% der RentnerInnen das Leben in einer Wohngemeinschaft generell positiv. Gesellschaftlich hat die Idee einer Alterswohngemeinschaft eindeutig eine erhöhte Zustimmung gefunden, zumindest gesellschaftspolitisch. Andererseits zeigt sich, wenn konkret nach wünschbaren Wohnformen im höheren Lebensalter nachgefragt wird, eine klare Zurückhaltung gegenüber dieser Wohnform für sich selbst: Nur 11% der 60-jährigen und älteren Befragten bejahen die Frage, ob eine Alterswohngemeinschaft für sie konkret vorstellbar wäre. Weitere 25% könnten diese Wohnform im Notfall akzeptieren, und 62% antworten auf die entsprechende Frage mit einem klaren Nein. Als allgemeine Wohnidee oft akzeptiert stösst die Alterswohngemeinschaft als konkrete Wohnoption bei älteren Menschen selbst weiterhin auf nur geringe persönliche Zustimmung. Das gegenwärtige Stimmungsbild älterer Generationen zur Alterswohngemeinschaft lässt sich vereinfacht wie folgt zusammenfassen: «Gute Idee, für andere.»

Das Stimmungsbild heutiger älterer Menschen zu Alterswohngemeinschaften ist: «Gute Idee, für andere.»

Erwartungsgemäss befürworten primär Befragte das Leben in einer Wohngemeinschaft, die ein Zusammensein mit anderen Menschen als wichtig erachten. Hingegen variiert die konkrete Bereitschaft zum Leben in einer Wohngemeinschaft kaum nach Geschlecht, Alter, aktueller Wohnlage oder Zivilstand. Auch die meisten allein lebenden älteren Menschen bevorzugen das Alleinleben gegenüber einem gemeinschaftlichen Leben. Die Einstellungsunterschiede nach sozialen Merkmalen (Bildungsniveau, familiale und nichtfamiliale soziale Netzwerke) sind ebenfalls gering, mit der Ausnahme, dass mit steigendem Haushaltseinkommen die Ablehnung dieser Lebensform ansteigt.

Tabelle 26

Ansichten zu einem Umzug in eine Alters- und Pflegeeinrichtung nach ausgewählten Merkmalen

		Umzug in					
		Altersheim		Pflegeheim		Pflegewohnung	
	N	1	2	1	2	1	2
Alter							
– 60–64 J.	205	8%	65%	52%	78%	11%	64%
– 65–69 J.	205	13%	63%	4%	73%	7%	59%
– 70–74 J.	210	12%	63%	3%	81%	10%	61%
– 75–79 J.	158	14%	65%	3%	81%	10%	54%
– 80–84 J.	150	23%	61%	6%	77%	13%	53%
– 85+ J.	84	29%	51%*	5%	77%	11%	56%
Bildungsniveau							
– primär	373	16%	64%	5%	78%	7%	60%
– sekundär	480	15%	62%	3%	80%	12%	57%
– tertiär	159	9%	62%*	3%	70%*	12%	59%
Erwartete Gesundheit in 5 Jahren							
– schlechter	161	23%	55%	9%	69%	12%	50%
– gleich/besser	634	12%	65%	3%	79%	11%	59%
– weiss nicht	217	18%	61%*	1%	82%*	6%	65%
Freunde							
– ja	946	14%	63%	3%	78%	10%	59%
– nein, keine	58	29%	50%*	9%	71%	12%	52%
Vereinsamungsrisiko in Wohngegend							
– trifft nicht zu	750	14%	65%	3%	79%	8%	60%
– trifft zu	204	18%	54%*	4%	74%	16%	52%*

1: ja, kommt in Frage.
2: nur wenn es sein muss.
Restliche Kategorie (auf 100%): Nein, sowie keine Angabe/keine Meinung.

*Gruppenunterschiede signifikant auf 1% (Chi-Square-Test).

Faktisch ist es nicht einfach, nach Jahrzehnten privaten Lebens – allein, zu zweit oder in einer Kleinfamilie – mit gemeinschaftlichem Wohnen vertraut zu werden. Die vorliegende Forschungsliteratur weist darauf hin, dass gemeinschaftliches Leben und Wohnen im höheren Lebensalter an spezielle Voraussetzungen gebunden sind (vgl. Kapitel 6).

Das Bild von Alters- und Pflegeheimen als Zwangseinrichtungen, das heisst als Einrichtungen für sonst nicht lösbare Situationen im Alter, wird in der Befragung deutlich sichtbar: Nur wenige erachten es als positive Wohnmöglichkeit, sondern grossmehrheitlich ist es eine Wohnform, die akzeptiert werden muss («nur wenn es sein muss»). Dementsprechend schliesst nur eine Minderheit einen Umzug in eine Alters- und Pflegeeinrichtung von vornherein aus. Dies entspricht dem Bewusstsein älterer Menschen, dass diese Wohnform – unabhängig von eigenen Lebensplänen – bei gesundheitlichen Einschränkungen im Alter eine durchaus realistische Option darstellt, und wie früher angeführt wurde, haben sich namentlich bei den über 80-Jährigen viele konkret bei einem Alters- oder Pflegeheim angemeldet.

Ein Umzug in ein Alters- oder Pflegeheim wird somit zwar mehrheitlich kaum als persönlich wünschbar angesehen, aber nur eine geringe Minderheit der älteren Frauen und Männer verdrängt diese Möglichkeit vollständig. Sehr viele ältere Menschen haben ein durchaus pragmatisches Verhältnis zu den denkbaren Folgen eines hohen Lebensalters, und diese pragmatische Haltung ist ein zentrales Lebenselement, um auch Verluste des Alters zu bewältigen.

Die persönliche Akzeptanz eines Umzugs in eine Alterseinrichtung variiert weder nach Geschlecht noch nach Lebensform und familialer Einbettung. Die soziale Lage spielt insofern eine gewisse Rolle, als mit steigender Bildung der Widerstand gegenüber Alters- und Pflegeheimen ausgeprägter wird (vgl. Tabelle 26).

Mit steigendem Alter kommt ein Umzug in ein Altersheim eher in Frage. Interessanterweise ist es nicht die aktuelle Gesundheit oder eine momentane funktionale Einschränkung, welche die Akzeptanz eines Umzugs in eine Alterseinrichtung erhöht, sondern die zukünftig erwartete Gesundheit: Befragte, die eine Verschlechterung ihrer Gesundheit befürchten, erwarten eher einen Umzug in ein Alters- und Pflegeheim. Soziale Faktoren sind insofern von Bedeutung, als primär das Fehlen von Freunden – nicht jedoch das Fehlen eigener Kinder und Enkelkinder – die Bereitschaft erhöht, in ein Altersheim zu wechseln. Dasselbe gilt für ältere Menschen, die in ihrer Wohngegend ein hohes Vereinsamungsrisiko wahrnehmen («In dieser Wohngegend können ältere Menschen leicht vereinsamen»). Die Entscheidung für oder gegen einen Umzug in eine Alters- und Pflegeeinrichtung wird nicht allein vom Lebensalter und den gesundheitlichen Perspektiven bestimmt, sondern bedeutsam sind auch soziale Faktoren (Vereinsamungsrisiko).

Wohnen im Alters- und Pflegeheim – mehrheitlich eine Wohnform, die nicht gewünscht, aber notfalls akzeptiert werden muss.

Die Wohnperspektiven zu Hause lebender älterer Menschen sind insgesamt unterschiedlich. Es zeigen sich je nach gesundheitlichen Perspektiven und sozialem Milieu einige bedeutsame Unterschiede, etwa in der Akzeptanz einer Alterswohnung, einer Seniorenresidenz oder eines Alters- und Pflegeheims. Mit Ausnahme eines Umzugs in ein Altersheim ist es weniger das chronologische Alter an sich, das die Wohnperspektiven bestimmt, sondern bedeutsam ist primär das aktuelle oder erwartete gesundheitliche Befinden, teilweise in Kombination mit der Realisierung, dass die jetzige Wohnung nicht behindertengerecht eingerichtet ist.

Die Detailanalyse der entsprechenden Antworten lässt bei den zu Hause lebenden älteren Menschen allerdings insofern eine Polarisierung der Wohnperspektiven festhalten, als für einen beträchtlichen Teil der Befragten keine der angeführten Wohnmöglichkeiten als attraktiv erscheint, wogegen die übrigen Befragten zumindest eine alternative Wohnform in Betracht ziehen. Für 40% der zu Hause lebenden älteren Befragten erscheint keine der vorgestellten Wohnoptionen positiv besetzt. Ein Wechsel der Wohnform wird nur im Notfall («wenn es sein muss») akzeptiert. 23% der Befragten können sich für eine andere Wohnform erwärmen, wobei der freiwillige Wechsel in eine kleinere Wohnung, eine Alterswohnung oder bei wohlhabenderen Personen in eine Seniorenresidenz im Vordergrund stehen. Für 28% der Befragten sind zwei bis drei der aufgeführten Wohnmöglichkeiten zukünftig denkbar, und 8% nehmen vier und mehr mögliche Wohnoptionen wahr. Die Wahrnehmung für sich persönlich vorstellbarer Wohnalternativen zur bisherigen Wohnsituation variiert primär damit, ob die Befragten sich schon Gedanken zu einem Wohnwechsel gemacht haben, und ob die aktuelle Wohnung bei Behinderung als ungeeignet erachtet wird. Personen, die sich frühzeitig mit der Frage einer altersgerechten Wohngestaltung befassen, nehmen insgesamt mehr Wohnoptionen im Alter wahr. Umgekehrt gilt, dass eine Verdrängung des Alters und der damit möglichen Wohnprobleme das Finden akzeptabler Wohnalternativen behindert.

6 Wohnformen im Vergleich und innovative Wohnformen im Alter

Vor- und Nachteile verschiedener Wohnformen im späteren Leben

In diesem Kapitel sollen kurz die jeweiligen Vor- und Nachteile verschiedener Wohnformen für ältere und betagte Menschen aufgeführt werden. Es ist allerdings klar, dass Plus- oder Minuspunkte einer bestimmten Wohnform von den individuellen Wünschen und Bedürfnissen von Frauen und Männern abhängen. Die nachfolgende Aufstellung (vgl. Tabelle 27) basiert deshalb auf einer Vereinfachung der Realität. Analog zur Vorgängerpublikation von Brigitte Wehrli (1997: Tabelle 18) werden auch hier drei Hauptpunkte angeführt:

a) Wirtschaftliche, soziale und gesundheitliche Voraussetzungen einer Wohnform,
b) wichtige Pluspunkte und mögliche Vorteile einer bestimmten Wohnoption,
c) zentrale Minuspunkte, mögliche Risiken und Gefahren dieser Wohnform.

Die weitaus häufigste Wohnform älterer Menschen ist das private Wohnen in einer eigenen Wohnung oder in einem eigenen Haus. Diese Wohnform garantiert sowohl Privatleben, Individualität als auch das kontinuierliche Weiterleben in einer angestammten Wohnumgebung. Eine zentrale Voraussetzung für das private Wohnen im Alter ist eine hohe körperliche und geistige Selbstständigkeit. Viele private Wohnungen sind jedoch nicht alters- und behindertengerecht eingerichtet. Wie früher festgestellt wurde, betrachtet gut die Hälfte der zu Hause lebenden älteren Menschen ihre Wohnung im Fall einer Behinderung als ungeeignet. Nur jeder Sechste erachtet seine jetzige Wohnung auch bei Behinderung als gut geeignet (vgl. Kapitel 5).

In manchen, aber nicht in allen Fällen sind Wohnanpassungen – in Richtung einer schwellenfreien Wohnung mit Bad und Küche, die rollstuhlgängig sind, aber auch Treppenlifte – durchaus möglich, finanzielle Mittel vorausgesetzt (vgl. Bohn 2001). Altersgerechte Wohnanpassungen sind namentlich bei grösseren Eigentumswohnungen und modernen Einfamilienhäusern – wo die älteren Besitzer selbst über die Gestaltung ihrer Wohnung oder ihres Hauses entscheiden können – eine durchaus realistische Alternative zum Wohnwechsel, sofern der Zugang zur Wohnung nicht durch Barrieren behindert wird. Generell sind allerdings nachträgliche Wohnanpassungen kostspieliger als eine frühzeitige behindertengerechte Gestaltung von Haus und Wohnung schon beim Bau. Es ist in jedem Fall auffallend, wie viele ältere Einfamilienhausbesitzer ihr Haus als nicht behindertengerecht betrachten. Vielfach wurden diese Häuser für eine spezifische Lebensphase (Phase der Familiengründung und ein Leben mit Kindern) geplant, und es wurde zu wenig berücksichtigt, dass sich die Lebensumstände später zwangsläufig ändern. Beim Bau von Einfamilienhäusern können vor allem zwei Planungsaspekte spätere Probleme schon vornherein reduzieren: Zum Ersten sollte auf die Möglichkeit geachtet werden, ein grösseres Familienhaus später kostengünstig in zwei Wohnungen – mit getrennten Eingängen, Bad und Küche – aufzuteilen. Zum Zweiten sollte darauf geachtet werden, dass die Räume möglichst behindertengerecht eingerichtet werden bzw. eine entsprechende Wohnanpassung ohne allzu grossen Aufwand möglich wird (beispielsweise genügend breite Treppen, um auch einen Treppenlift einzubauen usw.).

Das Wohnen in einer privaten Wohnung hat unter Umständen den Nachteil, dass sich dadurch im hohen Lebensalter das Risiko von Vereinsamung erhöht. Der Preis für eine lebenslange Betonung des Privatlebens kann im Alter erhöhte Einsamkeit sein, speziell wenn sich Menschen gesundheitsbedingt in ihre private Wohnung zurückziehen. Auch rasante soziale Veränderungen der angestammten Wohnumgebung – wodurch alte Nachbarschaften aufgelöst werden – können zur Vereinsamung älterer Menschen beitragen. Gut ein Fünftel der zu Hause lebenden befragten Frauen und Männer führen an, dass ältere Menschen in ihrer Wohngegend leicht vereinsamen können.

Langjähriges Leben in einer Mietwohnung schliesst zudem das Risiko eines zwanghaften Umzugs ein, wenn etwa eine jahrzehntelang bewohnte Mietwohnung abgebrochen wird oder aus anderen Gründen eine Kündigung erfolgt (z. B. Eigenbedarf der Vermieter). Haus- und Wohneigentümer geniessen zwar mehr Autonomie, aber im hohen Alter kann Wohneigentum unter Umständen finanziell untragbar werden, wenn plötzlich kostspielige Reparaturarbeiten anfallen und die entsprechenden finanziellen Mittel fehlen. Speziell in ländlichen Regionen leben relativ viele betagte Hauseigentümer mit geringen Einkommen, und als Hauseigentümer haben sie keinen Anspruch auf Ergänzungsleistungen zur AHV. Bei finanzieller Notlage im Alter ist in einer solchen Situation nicht selten ein schmerzhaft erlebter Hausverkauf notwendig. Einfamilienhausbesitzer – die ihr Haus zur Zeit ihrer Familiengründung gebaut haben – können sich unter Umständen in viel zu grossen Häusern mit aufwändigen Gartenanlagen wiederfinden. Zudem sind nicht wenige der in Agglomerationsgemeinden gebauten Einfamilienhäuser schlecht an den öffentlichen Verkehr angebunden, was bei Mobilitätseinschränkungen im Alter zu Erschwernissen führen kann.

Rasante Veränderungen der Nachbarschaft können zur Vereinsamung beitragen.

Ältere allein stehende Menschen in grossen Wohnungen oder Häusern können möglicherweise Zimmer oder Hausteile untervermieten, etwa an jüngere Menschen (StudentInnen, Lehrlinge u. a.). Dies hilft, die Wohnkosten zu senken und bietet unter Umständen Anregung und Kontakte zu jüngeren Generationen. Eine zentrale

Voraussetzung ist allerdings nicht allein genügend Wohnraum, sondern auch eine hohe geistige und soziale Beweglichkeit und Toleranz seitens der älteren Person. Werden die Generationengrenzen zu stark durchbrochen, entstehen Konflikte. Um das Risiko von Ausbeutung der einen oder anderen Partei von vornherein zu reduzieren, ist eine klare Vereinbarung zwischen den beiden Parteien sinnvoll, beispielsweise eine feste Regelung bezüglich der Leistungen – etwa Hilfe beim Einkaufen, bei Gartenarbeiten usw. – der jungen Mitbewohnerin als Gegenleistung für eine tiefe Zimmermiete.

Das gemeinsame Wohnen verschiedener Generationen – im Rahmen einer Mehr-Generationen-Familie – kann anregend sein. Es erfordert jedoch viel gegenseitiges Verständnis und Toleranz. Das Wohnen alter Menschen mit beziehungsweise bei ihren Kindern erhöht die Chancen, bei erhöhter Hilfs- und Pflegebedürftigkeit eine gute familiale Unterstützung zu erhalten, aber die Grundlage für ein positiv erlebtes intergenerationelles Wohnen ist eine langjährige gute Beziehungsqualität zwischen den Generationen. Unverarbeitete intergenerationelle Verletzungen oder unbewältigte Autoritätskonflikte zwischen Eltern und ihren erwachsenen Kindern führen rasch zu Konflikten sowie unter Umständen zu einer starken Einschränkung der Autonomie der älteren Generation. Faktisch sind Mehr-Generationen-Familien – im Sinne des Zusammenlebens dreier Generationen im gleichen Haushalt – in der Schweiz selten geworden. Häufiger, namentlich in ländlich-bäuerlichen Regionen, ist das gemeinsame Wohnen von Generationen im gleichen Haus. Dabei entfallen von vornherein viele Konflikte, wenn junge und ältere Generationen einen eigenen Wohneingang, ein eigenes Bad und eine eigene Küche besitzen.

Gemeinsames Wohnen verschiedener Generationen erfordert viel gegenseitige Toleranz.

Alterswohnungen – im Sinn von altersgerecht eingerichteten Wohnungen – bieten eine gute Kombination von privatem Wohnen (im eigenen Haushalt) und altersgerechter Wohnform; sei es, dass ältere Menschen auch mit Mobilitätseinschränkungen sicher wohnen können; sei es, dass Alterswohnungen – etwa durch ihre Einbettung in ein Alterszentrum oder ihre Nähe zu einem Alters- und Pflegeheim – von ausgebauten pflegerischen Dienstleistungen profitieren. Pflegende Ehefrauen können im Rahmen integrierter Alterswohnungen besser entlastet werden, als dies in einer normalen Wohnung häufig möglich ist. In gut geplanten Siedlungen mit Alterswohnungen wird zudem auf eine altersgerechte Gestaltung der Wohnumgebung geachtet, wodurch die Nachbarschaftskontakte gestärkt werden. In manchen Gemeinden werden Alterswohnungen – und namentlich die Kosten einer behindertengerechten Wohn- und Umgebungsgestaltung – finanziell unterstützt, was sie auch für einkommensschwächere ältere Menschen zugänglich macht. Aufgrund des hohen Wohnungsstandards vieler älterer Menschen werden heute jedoch primär nur Alterswohnungen mit einem guten Wohnstandard und genügender Wohngrösse nachgefragt, wogegen Einzimmerwohnungen kaum mehr den Bedürfnissen heutiger Rentnergenerationen entsprechen.

Zentrale Voraussetzung für das Wohnen in einer Alterswohnung ist namentlich bei allein stehenden Menschen allerdings ein Mindestmass an körperlicher und vor allem geistiger Selbstständigkeit, und wo sich viele Alterswohnungen gruppieren, kann auch die fehlende altersmässige Durchmischung ein denkbarer Nachteil sein.

Auch bei den gemeinschaftlichen Wohnformen bestehen diverse Alternativen mit jeweils spezifischen Vor- und Nachteilen. Eine moderne, privat organisierte Form des Alterswohnens sind Seniorenresidenzen, die in den letzten Jahrzehnten einen deutlichen Aufschwung erfahren haben. Dabei handelt es sich um altersgerecht eingerichtete Wohnungen, die von privaten Unternehmen – wie Tertianum u. a. – als Wohnangebot für spezifische Gruppen älterer Menschen angeboten werden. Im Rahmen von Seniorenresidenzen werden hohe Wohnqualität mit Sicherheit und Dienstleistungsangeboten kombiniert, wobei die Dienstleistungs- und Betreuungsangebote vielfach à la carte zur Verfügung stehen. Da Seniorenresidenzen nicht öffentlich subventioniert werden und sie vielfach eine hohe bis luxuriöse Wohn- und Betreuungsqualität anbieten, richten sich Seniorenresidenzen primär an wohlhabendere bis reiche ältere Menschen (wie dies auch von den befragten älteren Menschen wahrgenommen wird). Zentrale Voraussetzung für das Leben in einer Seniorenresidenz sind gute finanzielle Ressourcen. Dies gilt namentlich für Seniorenresidenzen an attraktiven Wohnlagen und mit modern eingerichteten, grosszügigen Eigentumswohnungen. Da sich Seniorenresidenzen gezielt an jeweils spezifische Bevölkerungssegmente richten, variieren Qualität und Angebot allerdings sachgemäss stark. Ambulante Pflegeleistungen werden meist angeboten, aber nicht alle Seniorenresidenzen sind für schwer pflegebedürftige Menschen (mit Demenzerkrankungen) eingerichtet. Zudem ist bei Verarmung bzw. Erschöpfung der finanziellen Ressourcen – etwa als Folge einer Börsenbaisse – in manchen Fällen ein Umzug in eine andere Wohnform notwendig. Als Nachteil empfinden einige ältere Menschen auch die fehlende altersmässige Durchmischung von Seniorenresidenzen, wogegen andere ältere Menschen gerade die Homogenität der BewohnerInnen nach Alter und sozialem Milieu («Menschen mit den gleichen Interessen») positiv beurteilen. Eine konkrete Illustration von «Wohnen mit Dienstleistungen» bietet das angeführte Beispiel des Schöneggparks Bern, das gemäss dem Bonacasa-Modell verhältnismässig preisgünstige Eigentumswohnungen in einer gemeinschaftlichen Wohnsiedlung anbietet.

In den letzten Jahren haben Alterswohngemeinschaften in den Medien vermehrte Aufmerksamkeit erhalten. Gemeinschaftliches Wohnen ist eine Alternative zum privaten Wohnen. Die Vorteile gemeinschaftlichen Wohnens liegen nicht allein in gegenseitiger Anregung, gemeinschaftlichem Austausch und wechselseitiger Unterstützung, sondern auch in geteilten Wohnkosten. Das Leben in einer Alterswohngemeinschaft setzt allerdings hohe soziale Kompetenzen und eine gute Verträglichkeit der Mitbewohnerinnen voraus. Eine besondere Form gemeinschaftlichen Wohnens sind Altershausgemeinschaften, da sie gemeinschaftliches Leben und privates Wohnen

Vergleich verschiedener Wohnformen im höheren Lebensalter

Wohnform	**Wichtige Voraussetzungen**	**Pluspunkte**	**Minuspunkte/ mögliche Risiken**
Privat organisierte Wohnformen			
Private Mietwhg.	körperliche/geistige Unabhängigkeit	Individualität, Privatheit, «normale» Wohnumgebung	Einsamkeitsrisiko, bei Behinderungen oft keine Anpassung möglich
Private Eigentumswhg.	körperliche/geistige Unabhängigkeit, finanzielle Ressourcen	Individualität, Privatheit und viel Gestaltungsraum (für Anpassungen)	Einsamkeitsrisiko, möglicherweise nicht behindertengerecht eingerichtet
Privates Einfamilienhaus	körperliche/geistige Unabhängigkeit, finanzielle Ressourcen	Individualität, Privatheit, Gestaltungsraum, meist viel Platz	Einsamkeitsrisiko, evtl. schlechte Anbindung an öffentl. Verkehr
Zimmer vermieten (an jüngere Person)	zumindest geistige Selbstständigkeit, genügend Platz, viel Toleranz	Anregung, kostengünstiger	Konflikte möglich
Mehr-Generationen-Familie	gute Beziehungen zwischen den Generationen	soziale Unterstützung und familiale Hilfe, Anregungen gegens. Toleranz	Konflikte möglich, unter Umständen eingeschränkte Autonomie
Alterswohnung	Mindestmass an Unabhängigkeit	altersgerecht eingerichtet, erhöhte Sicherheit	keine altersmässige Durchmischung
Kollektiv organisierte Wohnformen			
Seniorenresidenz	finanzielle Ressourcen	altersgerecht eingerichtet, erhöhte Sicherheit und Betreuung	keine altersmässige Durchmischung, evtl. Umzug bei Verarmung
Alterswohngemeinschaft	soziale Kompetenzen und gute Verträglichkeit	Gemeinschaftlichkeit, Anregung, gegenseitige Hilfe, kostensparend	eingeschränkte Privatheit, Konflikte möglich
Altershausgemeinschaft	soziale Kompetenzen und gute Verträglichkeit	Gemeinschaftlichkeit, Anregung, gegenseitige Hilfe	Konflikte möglich, Auswahl der BewohnerInnen wichtig
Betreute Alterswhg.	gute ambulante Pflegestrukturen notwendig	Privates Wohnen kombiniert mit Betreuung, Sicherheit	bei schwerer Pflegebedürftigkeit unter Umständen nicht geeignet.
Altersheim	keine schwere Pflegebedürftigkeit	Gemeinschaft, Sicherheit, Versorgung und Betreuung	Privatheit eingeschränkt, keine altersmässige Durchmischung
Pflegeheim	Pflegebedürftigkeit	institutionelle Pflege, Betreuung und Sicherheit	Privatheit eingeschränkt, Konzentration von Pflegebedürftigen
Pflegewohngruppe	Pflegebedürftigkeit	Pflege mit Individualität und Gemeinschaftlichkeit kombiniert	Auswahl der Gruppenmitglieder und des Personals zentral

kombinieren. Eine Illustration dieser Wohnform bietet die aufgeführte Genossenschaft Hestia. (Zu Alterswohn- bzw. Altershausgemeinschaften vgl. folgenden Abschnitt).

Für hilfs- und pflegebedürftige Menschen existieren nicht nur in Deutschland, sondern auch in der Schweiz diverse Formen betreuten Wohnens. Diese Wohnformen ermöglichen es älteren Menschen, privates Wohnen mit guter Sicherheit und pflegerischer Betreuung zu kombinieren, etwa im Rahmen einer betreuten Alterswohnung oder einer Alterswohnung mit Anbindung an ambulante Pflegestrukturen. Angepasste Wohnung und Wohnumgebung sowie gut organisierte ambulante Pflegestrukturen erlauben auch hilfs- und pflegebedürftigen Menschen ein hohes Mass an privater und selbstständiger Lebensführung. Bei schwerer Pflegebedürftigkeit – und vor allem bei alltagsrelevanten hirnorganischen Einbussen – sind betreute Wohnformen allerdings oftmals nicht mehr geeignet, wie deutsche Studien nachweisen.

Klassische Altersheimplätze – das heisst Plätze für nicht pflegebedürftige ältere Menschen – sind seltener geworden, da dank besserer wirtschaftlicher Absicherung und ambulanter Pflege immer mehr ältere Menschen lange Zeit zu Hause bleiben. Dennoch existiert namentlich in Städten und grösseren Gemeinden weiterhin ein Bedarf nach Altersheimplätzen. Das Leben in einer Gemeinschaft mit guter Versorgung und Betreuung hat – trotz eingeschränktem Privatleben – für einige Gruppen älterer Menschen eine gewisse Attraktivität, etwa für Männer, die nach dem Tod der Ehefrau Mühe haben, sich selbstständig zu versorgen, oder für Frauen, welche nach einem Partnerverlust zu vereinsamen drohen. Dies gilt auch für betagte Menschen, die momentan zwar noch selbstständig sind, jedoch für die nahe Zukunft eine Pflegebedürftigkeit befürchten.

In den meisten Fällen ziehen betagte Menschen erst in ein Pflegeheim, wenn sie pflegebedürftig werden und nicht mehr in der Lage sind, selbstständig oder mit Hilfe von Angehörigen zu haushalten. Entsprechend ist das Durchschnittsalter beim Eintritt in ein Pflegeheim in den letzten Jahrzehnten stark angestiegen. Pflegeheime bieten Sicherheit, Betreuung und institutionelle Pflege auch bei ausgeprägter Multimorbidität. Zwar ist der private Raum in Pflegeheimen eingeschränkt – selbst wenn sich viele moderne Pflegeheime bemühen, die Privatsphäre ihrer BewohnerInnen zu schützen –, aber immer mehr Heime bieten gezielte Aktivierung und Anregungen an. Der Wohnstandard und die Pflegequalität in Pflegeheimen variieren allerdings gegenwärtig ebenso wie die architektonische Gestaltung und Ausgestaltung.

Eine spezielle Wohnform für pflegebedürftige Menschen, die Individualität mit Gemeinschaftlichkeit kombiniert, sind Pflegewohngruppen, wie dies am Beispiel von Pflegewohnungen in Albisrieden (Zürich) illustriert wird (zum Konzept von Pflegewohngruppen vgl. im Einzelnen den Abschnitt über Pflegewohngruppen weiter unten in diesem Kapitel).

Alterswohngemeinschaften – gemeinschaftliches Leben im Alter

Während in den Niederlanden und teilweise auch in Deutschland immer mehr selbst organisierte Alterswohnformen zu beobachten sind, lebt in der Schweiz vorläufig erst ein kleiner Teil der älteren Menschen in gemeinschaftlichen Wohnformen. Manche Initiativen scheitern daran, dass geeignete Wohnungen oder Häuser fehlen. Der Anteil gemeinschaftlicher Haushaltsformen an allen Rentnerhaushalten liegt bei 1% bis 2%. Zukünftig kann sich dies allerdings ändern, wenn Generationen ins Rentenalter kommen, die mit gemeinschaftlichen Wohnformen schon positive Erfahrungen gemacht haben.

Selbst wenn statistisch betrachtet Alterswohn- und Altershausgemeinschaften in der Schweiz noch selten sind, liegt der Wert dieser Wohnform auch darin, dass mit der Idee der Alterswohngemeinschaft ein interessantes Experimentierfeld entstanden ist, das auf andere Wohnformen im Alter ausstrahlt: «Beim selbstorganisierten gemeinschaftlichen Wohnen hat sich eine in hohem Masse nutzergesteuerte Wohn- und Betreuungsform entwickelt, die – in unterschiedlicher Ausprägung – als Prinzip auch für alle anderen Wohnformen, einschliesslich des Betreuten Wohnens, in Zukunft von Wichtigkeit sein dürfte. Auch insofern kann der Wert dieser Wohnform nicht nur an der Anzahl der realisierten Projekte gemessen werden. Ihre qualitative Bedeutung besteht darin, dass ein Experimentierfeld entstanden ist, in dem die älteren Menschen ihre Wohnwünsche direkt verwirklichen können.» (Grossjohann, Stolarz 2002: 116). Gleichzeitig können gemeinschaftliche Wohn- und Hausmodelle der Vereinzelung älterer Menschen entgegenwirken. Ideelles Vorbild für gemeinschaftliches Wohnen im Alter ist Nachbarschaftlichkeit und Gegenseitigkeit im erweiterten Sinne (überschaubare Einheit mit gewachsenen Beziehungen, gegenseitige Hilfe im Austausch, aber auch Grenzziehung untereinander) (vgl. Henckmann 1999).

Mit der Idee von Alterswohngemeinschaften ist ein Experimentierfeld entstanden, das auch auf andere Wohnformen ausstrahlt.

Der Begriff der Alterswohngemeinschaft wird in der Literatur nicht einheitlich verwendet. Am häufigsten wird von folgender Definition ausgegangen: Alterswohngemeinschaften sind kollektive Wohnformen zumeist nicht miteinander verwandter älterer Menschen in einer gemeinsamen Wohneinheit (Wohnung oder Haus) (vgl. Weber, Hörmle 1998: 56). Unterschieden wird dabei zwischen selbst organisierten Wohngemeinschaften, in denen ältere Menschen vollkommen selbstständig zusammenleben, und betreuten Wohngruppen und -gemeinschaften, wo ältere Menschen von jüngeren, professionellen Helferinnen im Rahmen der Alterspflege betreut werden, wie etwa Pflegewohngruppen für demenzerkrankte Menschen.

Zentral ist die Feststellung, dass es keine einheitliche Form von Wohngemeinschaften gibt, sondern dass vielfältige Formen und Typen von Wohn- und Hausgemeinschaften existieren und denkbar sind. Gerade die Vielfältigkeit der gemeinschaftlichen Orientierung erlaubt es, privates und gemeinschaftliches Leben je nach Wohnbedürfnissen der Bewohnerinnen flexibel zu gestalten. Wichtige Unterscheidungsmerkmale verschiedener Formen gemeinschaftlichen Wohnens im Alter sind namentlich:

a) Der Grad der Eigenständigkeit beim Wohnen: Auf der einen Seite stehen Wohngemeinschaften im engeren Sinn, in denen mehrere Menschen in einer gemeinsamen Wohnung zusammen leben und zusammen haushalten. Auf der anderen Seite stehen Hausgemeinschaften mit gemeinschaftlich genutzten Räumen, in denen jedoch alle Bewohner über eine abgeschlossene Wohnung verfügen. Eine lockere Form gemeinschaftlichen Lebens sind Nachbarschaftsgemeinschaften, in denen mehrere Häuser zusammengeschlossen sind, beispielsweise zur Organisation gemeinsamer Mittagstische oder zur Gestaltung nachbarschaftlicher Freizeitaktivitäten.

Es existieren vielfältige Formen und Typen von Wohn- und Hausgemeinschaften.

b) Das Ausmass der Mitwirkung der Bewohner bei der Projektentwicklung: In einigen Projekten liegt eine Eigeninitiative der Bewohner schon seit Projektbeginn vor (Modell von unten bzw. proaktive Alterswohngemeinschaft). In anderen Projekten wird die Bereitstellung von gemeinschaftlichen Wohnstrukturen durch eine Gemeinde oder eine Genossenschaft organisiert (Modell von oben).

c) Die Art der Organisation der notwendigen Hilfe und Pflege: In selbst organisierten Wohngemeinschaften helfen sich die Bewohner gegenseitig, unter Umständen ohne jede Hilfe von aussen. In professionell gestalteten und betreuten Wohngemeinschaften werden Hilfe und Pflege von angestellten Fachpersonen übernommen oder zumindest vermittelt. Dies ist vor allem der Fall bei Wohnprojekten, die sich an hilfs- und pflegebedürftige ältere Menschen richten.

d) Die altersmässige Zusammensetzung der Bewohner: Neben reinen Alterswohngemeinschaften bestehen generationenübergreifende Wohn- und Hausgemeinschaften, in denen Kinder, junge Familien und ältere Menschen zusammen leben. Generationenübergreifende Wohngemeinschaften sind an und für sich anregender als altershomogene Gemeinschaften, aber sie erfordern mehr Toleranz. Zudem variieren Lebensbedürfnisse und Alltagsrhythmus je nach Lebensphase, was unter Umständen zu Missverständnissen zwischen Jung und Alt beitragen kann.

Bei der Entscheidung für eine – wie erwähnt flexibel gestaltbare – gemeinschaftliche Wohnform im Alter stehen primär drei Motivkreise im Zentrum (vgl. Henckmann 1999: 56ff.).

Erstens geht es um die Stärkung von Anregungen, Kontakten und sozialen Austauschbeziehungen in späteren Lebensphasen. Immer häufiger ist «das gemeinschaftliche Wohnen eine Wohnform für ältere Menschen, die bewusst gemeinsam mit anderen noch einmal etwas Neues versuchen wollen. Gerade in der immer grösser werdenden Zeitspanne zwischen Beginn des Rentenalters und dem hohen Alter suchen ältere Menschen nach neuen Aufgaben und neuen Formen gemeinschaftlicher Aktivitäten und verknüpfen dies mit neuen Wohnformen. Dabei nehmen es die älteren Menschen selbst in die Hand, wie sie wohnen und leben möchten» (Grossjohann, Stolarz 2002: 114).

Zweitens – und dies gilt vor allem für Menschen im hohen Lebensalter – erhöhen selbst organisierte, aber auch betreute Wohngemeinschaften die Sicherheit und Betreuung unter Wahrung der Selbstbestimmung. Im Unterschied zu manchen Alters- und Pflegeheimen erlauben Alterswohngemeinschaften eine aktivere Rolle bei der Gestaltung von Zusammenleben und Hilfe. Dazu gehört das Recht zu entscheiden, wer in die Wohngemeinschaft neu aufgenommen werden soll.

Drittens führen Formen gemeinschaftlichen Wohnens und Haushaltens zu wirtschaftlichen Vorteilen. Durch gemeinsames Haushalten entstehen namhafte Einsparungen, und die Mietkosten oder die Kosten technischer Wohnanpassungen verteilen sich auf mehrere Personen. Dadurch vermögen auch weniger bemittelte ältere Frauen und Männer von genügend Wohnraum oder einer altersgerechten Wohnmodernisierung zu profitieren, wie das aufgeführte Beispiel der Genossenschaft Hestia illustriert.

Diesen Vorteilen gemeinschaftlichen Wohnens stehen allerdings hohe Ansprüche des gemeinschaftlichen Wohnens gegenüber. So braucht es beispielsweise geeigneten Wohnraum (genügend Zimmer einerseits und genügend grosse gemeinschaftlich nutzbare Wohnflächen andererseits). Viele Initiativen scheitern schon an dieser Schwelle, da in vielen Gebieten der Schweiz in den letzten Jahrzehnten viele Grosswohnungen durch Kleinwohnungen ersetzt wurden. Zudem setzen vor allem Formen selbst organisierten gemeinschaftlichen Wohnens hohe soziale Kompetenzen der Bewohner voraus. Wichtig sind soziale Geschicklichkeit (Takt, Einfühlungsvermögen) sowie eine soziale Leistungsbereitschaft, die über jene einer unverbindlichen Nachbarschaft hinausgeht. Ein Kernthema jeder Alterswohngemeinschaft liegt darin, die richtige Balance zwischen Privatleben und Gemeinschaftlichkeit zu finden. Faktisch bedeutet dies, dass Alterswohngemeinschaften mehr Chancen haben, wenn jeder Bewohnerin eine Rückzugsmöglichkeit offen steht (eigenes Zimmer), was allerdings eine grosse Wohnung oder ein geräumiges Haus voraussetzt.

Gemeinschaftliches Wohnen setzt hohe soziale Kompetenzen voraus.

Gemäss der Studie von Antje Henckmann (1999) besteht ein Grundproblem bei vielen gut gemeinten Projekten darin, dass sich die älteren Menschen primär für das Wohnen, jedoch weniger für die Gemeinschaft interessieren. Wichtig ist ihrer Ansicht nach in erster Linie der Aufbau einer Gemeinschaft, wozu auch die Erarbeitung gemeinsamer Interessen und Aktivitäten gehört. Das Zusammenziehen in eine Wohngemeinschaft allein reicht für das Entstehen einer Gemeinschaft nicht aus. Deshalb ist vor allem bei selbst organisierten Alterswohngemeinschaften eine vorgängige Auseinandersetzung mit Themen des Zusammenlebens zentral. Proaktive Alterswohngemeinschaften profitieren deshalb häufig schon von der Tatsache, dass sie bereits vor Bezug der Alterswohngemeinschaft gemeinschaftlich denken und handeln müssen, um das Ziel – Gründung einer eigenen Alterswohngemeinschaft – zu erreichen.

Eine andere denkbare Strategie, um die Akzeptanz solcher Projekte zu stärken, besteht darin, weniger von Alterswohngemeinschaften als von Altershausgemeinschaften auszugehen. Sehr viele Konfliktflächen fallen weg, wenn ältere Menschen ihre je eigene Wohneinheit besitzen, jedoch von gemeinschaftlichen Aktivitäten zu profitieren vermögen.

Die Erfahrungen aus Deutschland zeigen, dass die Akzeptanz gemeinschaftlicher Wohnformen im Alter abhängig ist von Familienstand, Geschlecht und Lebensstil: «Vor allem allein stehende Frauen können sich das Leben in einer Wohngemeinschaft eher vorstellen als Männer. Auch ältere Menschen in grösseren Städten zeigen sich stärker interessiert an gemeinschaftlichen Wohnformen als Menschen in ländlichen Gebieten» (Weeber, Hörmle 1998:69). Faktisch handelt es sich bei der überwiegenden Zahl selbst organisierter Wohngemeinschaften um reine Frauenwohngemeinschaften. Gemischtgeschlechtliche Alterswohngemeinschaften sind weiterhin seltener; ein Punkt, der auch für die Situation in der Schweiz gilt. Erstens sind Frauen im Alter in der Überzahl, und zweitens haben mehr Frauen als Männer gelernt, gemeinschaftlich zu haushalten und sich gegenseitig zu helfen.

Die wissenschaftlich fundierte Forschung zur Wirkung gemeinschaftlichen Wohnens auf die Entfaltung der Potentiale älterer Menschen ist noch lückenhaft, aber eine niederländische Studie, die Bewohner und Bewohnerinnen gemeinschaftlicher Wohnprojekte und normaler Wohnungen systematisch verglich, liess bei den Bewohnern der gemeinschaftlichen Projekte eine höhere Beteiligung am gesellschaftlichen Leben sowie eine grössere Verbundenheit mit dem Wohnumfeld erkennen. Von den beteiligten älteren Menschen wurden Sicherheit und Geborgenheit als wichtigste positive Aspekte ihrer Wohngruppen genannt. Zudem kam es zu einer verstärkten gegenseitigen emotionalen Unterstützung (vgl. Kuratorium Deutsche Altershilfe 2000).

Die Förderung gemeinschaftlicher Wohnformen im Alter – unter Berücksichtigung ihrer vielfältigen Formen – ist sicherlich ein zentrales Zukunftsprojekt. Dabei ist zu beachten, dass funktionierende Wohn- und Hausgemeinschaften für ältere Menschen oder generationenübergreifende Wohnprojekte an bestimmte Rahmenbedingungen geknüpft sind; beispielsweise genügend Platz für Rückzug, überschaubare Grösse, frühzeitige Auseinandersetzung mit dem Thema «Zusammenleben» u. a. Gleichzeitig ist es eine Wohn- und Lebensform, die nicht für alle Menschen gleichermassen attraktiv erscheint. Dies gilt vor allem für jene Generationen älterer Menschen, welche bisher mit gemeinschaftlichen und genossenschaftlichen

Lockere Formen vernetzten Haushaltens können wichtige Zwischenschritte hin zum gemeinschaftlichen Wohnen sein.

Lebensformen wenig Erfahrungen gemacht haben. Die vorher durchgeführten Analysen lassen erkennen, dass gemeinschaftliches Wohnen zwar auch bei älteren Generationen eine vermehrte Akzeptanz erhalten hat, dass aber konkret gegenwärtig nur relativ wenige ältere Frauen und Männer den Umzug in eine Alterswohngemeinschaft konkret bejahen (vgl. Kapitel 5). Ein Zwischenschritt könnte darin bestehen, lockere Formen vernetzten Haushaltens bei älteren Menschen – etwa gemeinsames Einkaufen, gemeinsame Mittagstische oder gemeinschaftliche Freizeitaktivitäten – zu fördern. Erst wenn Menschen gelernt haben, sich besser zu vernetzen, kann auch der Schritt zum gemeinsamen Wohnen in Betracht gezogen werden.

Betreutes Wohnen im Alter – zwischen Hilfe und Autonomie

Betreute Wohnformen bieten selbstständige Lebensführung sowie Sicherheit und Pflege im Bedarfsfall.

Die Wohnmöglichkeiten für hilfs- und pflegebedürftige ältere Menschen beschränken sich heute nicht mehr auf die Alternative «Daheim» versus «Heim», sondern sie umfassen immer mehr unterschiedliche Formen des betreuten Wohnens. Während in Deutschland der Begriff des «Betreuten Wohnens» etabliert ist, ist der Begriff in der Schweiz weniger üblich, obwohl faktisch viele Wohnformen für ältere Menschen dem Konzept betreuten Wohnens entsprechen (z. B. Alterswohnungen, in denen die Bewohner von Dienst- und Pflegeangeboten eines benachbarten Alters- und Pflegeheims profitieren können, oder Pflegewohngruppen für pflegebedürftige Menschen usw.). Diese Formen altersgerechten Wohnens verfolgen das Ziel, auch bei gesundheitlichen Beeinträchtigungen eine selbstständige Wohn- und Lebensweise zu ermöglichen, und zwar dadurch, dass eine altersgerecht gebaute und eingerichtete Wohnung mit einem Betreuungsangebot für den Hilfe- und Pflegefall angeboten wird.

Betreutes Wohnen geht damit über das Konzept altersgerecht eingerichteter Alterswohnungen hinaus. Das Konzept von Formen betreuten Wohnens im Alter basiert auf zwei zentralen Grundideen. Zum einen soll an Stelle einer «Rundum-Versorgung» jeweils nur so viel Hilfe geleistet werden, wie im jeweiligen Einzelfall benötigt wird. Es sind die älteren Menschen selbst, die professionelle Hilfe anfordern, und es ist nicht die Institution, welche ihnen Hilfe aufzwingt. So können ältere Menschen je nach Wunsch oder je nach gesundheitlichem Zustand bestimmen, ihr Mittagessen selbst zuzubereiten oder den Mahlzeitendienst eines nahe gelegenen Pflegeheims zu beanspruchen. Zum anderen soll privates und autonomes Leben und Wohnen auch dann garantiert bleiben, wenn ältere Menschen Hilfe und Pflege benötigen. Betreutes Wohnen soll älteren Menschen gleichzeitig Privatsphäre und selbstständige Lebensführung wie auch Sicherheit und Pflege im Bedarfsfall bieten.

Sachgemäss variieren Art und Weise betreuten Wohnens stark, und das Konzept des betreuten Wohnens wird weder in der Schweiz noch in Deutschland einheitlich definiert. Entsprechend umfassen betreute Alterswohnformen sowohl grosszügig eingerichtete Seniorenresidenzen mit Betreuung und Pflege à la carte als auch einfach gestaltete Alterswohnungen mit Anbindung an das lokale Spitex- und Betreuungsnetz. Vereinfacht dargestellt lassen sich folgende Typen betreuten Wohnens unterscheiden:

a) Altersgerecht gebaute Wohnungen und Wohnanlagen, die durch ein ausgebautes Netz ambulanter Dienste (Spitex, Haushilfe, Mahlzeitendienste, Einkaufsservice u. a.) in der Gemeinde versorgt werden.

b) Integrierte Wohnanlagen, wo altersgerechte Wohnungen institutionell mit lokalen Pflegeangeboten verbunden sind. Dazu gehören ausgebaute Formen von Seniorenresidenzen oder kommunale Alterszentren, die Wohnanlagen und Spitex-Dienste in sich vereinigen.

c) Heimverbundene Wohnanlagen: Dabei handelt es sich beispielsweise um Alterswohnungen, die in oder um ein Alters- und Pflegeheim angesiedelt sind. Die Betreuung – sofern notwendig – erfolgt im Rahmen der stationären Angebote.

Die empirische Forschung zu betreuten Wohnformen im Alter steckt in den Kinderschuhen. Besonders wertvoll sind deshalb die Forschungsergebnisse der Augsburger Längsschnittstudie zum betreuten Wohnen; eine Studie, die unter anderem Qualitätskriterien für betreutes Wohnen ausarbeitete (vgl. Saup 2003: 112 ff.). Im Rahmen dieser Studie wurden in der Region Augsburg zwei heimverbundene betreute Wohnanlagen, eine Wohnanlage mit integriertem Pflegestützpunkt und fünf normale Wohnanlagen und ihre Bewohner und Bewohnerinnen untersucht.

Als wichtige Ergebnisse dieser auch für schweizerische Verhältnisse interessanten, gleichermassen quantitativ wie qualitativ angelegten Studie lassen sich zusammenfassend folgende Punkte erwähnen (vgl. Saup 2001: 7 ff.):

a) Im Vergleich zu älteren Menschen in normalen Haushaltungen zeigte sich bei den Bewohnern des betreuten Wohnens ein höherer Anteil der Frauen, Alleinstehenden sowie Hochaltrigen. Das durchschnittliche Alter beim Einzug in die betreuten Wohnungen lag in Augsburg bei 78 Jahren, und nur 27% waren jünger als 75 Jahre.

b) Schon beim Einzug in die betreuten Alterswohnungen berichteten gut vier Fünftel von dauerhaften gesundheitlichen Beschwerden. Fast drei Viertel klagten über Geh- und Bewegungsprobleme. Zwei Drittel kannten Herz- und Kreislaufprobleme, und jede zweite Person wurde mit Seh- und/oder Hörbeschwerden konfrontiert. Eigentlich pflegebedürftig waren allerdings auch drei Monate nach dem Einzug nur 13%. Dies ist zwar deutlich höher als bei Gleichaltrigen in normalen Wohnungen, aber gleichzeitig viel geringer als in Alters- und Pflegeheimen. Der Gesundheitszustand der Bewohner betreuter Wohnformen – viele ältere Menschen mit gesundheitlichen

Problemen und Beschwerden, aber noch nicht allzu viele Pflegebedürftige – verdeutlicht, dass sich betreutes Wohnen tatsächlich zwischen «Daheim» und «Heim» bewegt.

c) Nach eigenen Angaben zogen die meisten älteren Bewohner aus Gründen einer Krisenvorsorge in eine betreute Wohnform. Vier von fünf Bewohner gaben als Grund des Umzugs in eine betreute Wohnung an, im Notfall Hilfe und im Pflegefall Betreuung zu geniessen. Als mitentscheidend für den Umzug nannten zwei Drittel ihren angeschlagenen Gesundheitszustand. Mehr Wohnkomfort, schwellenfreie Wohnung sowie mehr soziale Kontakte wurden ebenfalls oft erwähnt. Diese Aspekte besassen jedoch nicht das gleiche Gewicht wie die Krisenvorsorge. Bei der Wahl einer bestimmten Wohnung bzw. Wohnanlage kam der räumlichen Nähe zu Kindern eine grosse Bedeutung zu. Für nicht wenige ältere Frauen war der Umzug eine Gelegenheit, (erneut) in die Nähe von Angehörigen zu ziehen.

d) Der Umzug in eine betreute Wohneinrichtung war selten das Ergebnis einer Blitzentscheidung, sondern zumeist das Resultat eines sich über längere Zeit erstreckenden Prozesses, wobei der Einbezug der Kinder in die Entscheidungsfindung auffällig war. «Der Umzug älterer Menschen ins Betreute Wohnen dürfte oft eine wohl überlegte Entscheidung im Familienverband und eine prospektive Lebensplanung der Älteren sein und weniger – wie vielfach beim Umzug ins Alten- und Pflegeheim – eine Notfallreaktion auf einen akuten Versorgungsbedarf» (Saup 2001: 67).

d) Die Erwartungen der älteren Menschen an das betreute Wohnen waren und sind sehr hoch gesteckt. Sie erwarten gleichzeitig eine hohe private Lebensgestaltung als auch Hilfe und Absicherung bei Not- und Bedarfslagen sowie eine Versorgung bei (späterer) Pflegebedürftigkeit. Praktische Hilfestellungen im Wohnalltag (Serviceleistungen) wurden dagegen nur von jedem dritten bis zweiten Bewohner erwartet. Die grosse Mehrzahl der Bewohner (85%) – ein Jahr nach dem Einzug nochmals befragt – würde nochmals ins betreute Wohnen einziehen.

e) Die älteren Menschen erwarten vom betreuten Wohnen eine hohe Sicherheit und Kontinuität an Versorgung. Für über 90% stand der Wunsch im Zentrum, dass dies der letzte Wohnumzug im Leben sein sollte. «Ob hier mehr Wunschdenken als eine realistische Einschätzung der Situation zum Ausdruck kommt, muss zum gegenwärtigen Zeitpunkt offen bleiben … Viele Ältere verknüpfen mit dem Betreuten Wohnen fälschlicherweise die Vorstellung einer Rundum-Betreuung wie im Heim. Die Frage scheint berechtigt, ob damit die Betreuungsträger in den betreuten Seniorenwohnanlagen auf solchen Erwartungen der Älteren wie auf einer nicht-einlösbaren Hypothek sitzen?» (Saup 2001: 66, vgl. dazu auch: Fachstelle für Seniorenfragen Augsburg 1999).

Tatsächlich mehren sich in Deutschland die Hinweise darauf, dass bei selbstständigen Wohnformen wie dem betreuten Wohnen die Risikoabsicherung für Pflegebedürftigkeit – wenn überhaupt – nur für körperliche Pflege gilt. «Spätestens bei demenziellen Erkrankungen wird der Verbleib der Bewohnerinnen und Bewohner im Betreuten Wohnen nicht mehr garantiert oder gar ausgeschlossen. Die Aufrechterhaltung des selbstständigen Haushaltes in der Privatwohnung ist bei Demenzkranken nur möglich, wenn eine intensive Betreuung durch pflegende Angehörige sichergestellt ist und gegebenenfalls eine Entlastung durch teilstationäre Einrichtungen erfolgt. Fehlt ein solches Hilfenetz, wird ein Umzug in eine ‹stationäre Sonderwohnform› notwendig» (Bundesministerium für Familie, Senioren, Frauen und Jugend 2002: 115).

Diese Feststellung hat sicherlich auch für die Schweiz ihre Gültigkeit, und namentlich demenzerkrankte Menschen müssen in späteren Phasen ihrer Erkrankung häufig in ein Pflegeheim oder eine Pflegewohngruppe wechseln. Ein Wechsel wird allerdings erleichtert, wenn betreute Alterswohnungen und Pflegeplätze nahe beieinander liegen.

Pflegewohngruppen und Hausgemeinschaften für pflegebedürftige Menschen

Innovative Formen einer Betreuung hilfs- und pflegebedürftiger älterer Menschen in kleinen Wohngruppen oder Hausgemeinschaften wurden in verschiedenen Ländern erfolgreich entwickelt und aufgebaut. Dazu gehören französische «Cantous» (vgl. Radzey et al. 1999) sowie deutsche Hausgemeinschaften für Demenzkranke oder dezentrale Pflegestationen und Pflegewohngruppen in der Schweiz (vgl. Gredig 1995). «Das Konzept besteht im Wesentlichen darin, das Zusammenleben in einem überschaubaren, gemeinsamen Haushalt zu organisieren und dadurch so viel ‹Normalität› des Wohnens als möglich zu gewährleisten. Durch die Konzentration auf Haushaltsaktivitäten in geborgener Atmosphäre können die Bewohner ihre verbliebenen Fähigkeiten besser entfalten und sich dabei gegenseitig unterstützen. Die Betreuung richtet sich vor allem darauf, dies zu fördern. Die pflegerischen Tätigkeiten, die den Alltag im Pflegeheim bestimmen, können demgegenüber in den Hintergrund treten. Durch diese ‹Normalisierung› des Wohnens und Betreuens in kleinen Wohngruppen können auch die früheren sozialen Bezüge im Wohnquartier besser aufrecht erhalten und die Angehörigen in die Betreuung integriert werden» (Grossjohann, Stolarz 2002: 118). Gerade bei betagten Menschen mit eingeschränkten körperlichen und kognitiven Kompetenzen sind die räumlichen Wohnbedingungen besonders sorgfältig darauf auszurichten, die verbliebenen Potentiale zu unterstützen. So ist beispielsweise bei Demenzkranken der emotionale Kanal ein wichtiger Zugang, da im Unterschied zum Verlust kognitiver Fähigkeiten die emotionale Wahrnehmung oft noch lange erhalten bleibt, zumindest partiell. In der Pflege und Begleitung demenzerkrankter alter Menschen geht es daher weniger um Behandlungspflege, sondern die wichtigste Triebkraft in der Pflege älterer

In den letzten Jahren wurden viele innovative Formen der Betreuung pflegebedürftiger Menschen aufgebaut.

Menschen mit Demenz liegt in emotionalen Beziehungen, und diese können durch kleinere Wohneinheiten oft am besten unterstützt werden (vgl. Leichsenring, Strümpel 1998).

Wohngemeinschaften für pflegebedürftige Menschen sollten idealerweise folgende Merkmale umfassen:

a) ein barrierefreies Umfeld, aber auch gute Orientierungshilfen und optimale Sicherheit, etwa durch gute Beleuchtung und rutschfeste Bodenbeläge. Helle Räume mit guter farblicher Gestaltung fördern ebenfalls Wohlbefinden und Orientierung.

b) eine räumliche Nähe zum bisherigen Wohnumfeld der Bewohner, was bei demenziell erkrankten Menschen Orientierungsprobleme reduziert (vgl. Welter 1998). Auch eine zentrale Lage fördert die Selbstständigkeit; abgesehen davon, dass eine zentrale Lage es Freunden und Angehörigen erleichtert, «mal eben» zu einem Besuch vorbeizukommen.

c) die Verfügung über private Räume, wodurch auch pflegebedürftigen Menschen Rückzugsmöglichkeiten und eine Privatsphäre offen stehen. Wichtig ist genügend Bewegungsraum, speziell bei demenzkranken Menschen: «Gerade für verwirrte Menschen ist Bewegungsraum von besonderer Wichtigkeit. Die Bewegung/das Gehen gehört zu den «ursprünglichsten willkürlichen Handlungen» und ist für viele Demenzkranke die letzte Handlung, die sie willkürlich, aus eigenem Antrieb und kompetent ausführen können» (Grossjohann, Stolarz 2002: 126).

d) eine vertraute und persönlich geprägte Einrichtung und Betreuung. Neben einer ansprechenden, überschaubaren Architektur sind auch Stimulationen durch Geräusche und Gerüche, die Erinnerungen wecken, von grosser Bedeutung.

e) eine Atmosphäre, die Geborgenheit erlaubt. Geborgenheit wird sowohl von Vertrautheit als auch durch das Gefühl von Sicherheit und guten Beziehungen zu den betreuenden Bezugspersonen vermittelt.

f) ein Tagesablauf, der die Eigenverantwortlichkeit und Selbstbestimmung soweit als möglich fördert. Eine Raumgestaltung, die zwischenmenschliche Kontakte fördert – etwa durch eine zentrale Küche als Herz der Gemeinschaft – hilft, ebenso wie ein Alltagsrhythmus, der den biografischen Erfahrungen der Bewohner Rechnung trägt.

Christoph Held und Doris Ermini-Fünfschilling (2003: 102 ff.) betonen beim Aufbau von speziellen Wohneinrichtungen für demenzerkrankte Menschen im Einzelnen folgende fünf zentrale bauliche Aspekte. Die bauliche Gestaltung einer demenzgerechten Wohneinrichtung sollte:

a) klein und übersichtlich sein. Zu viele demenzbetroffene Personen und zu grosse Einrichtungen führen zu mehr Konflikten, Irritationen und Verhaltensstörungen (Angst, Unruhe, Aggression). Auch dies spricht für die Einrichtung von Pflegewohngruppen gerade bei demenzerkrankten älteren Menschen.

b) die verminderten geistigen Leistungsfähigkeiten der demenzbetroffenen Menschen kompensieren und gerade deshalb leicht verständlich sein. Dies kann beispielsweise durch eine unverwechselbare Gestaltung bestimmter Orte oder durch gute Lichtführung geschehen.

c) die Unabhängigkeit der Demenzbetroffenen soweit wie noch möglich fördern. Dazu gehört auch ein angepasstes Mobiliar, wodurch komplexe Aufgaben vereinfacht werden (z. B. Spezialschränke mit Kleidung in der richtigen Reihenfolge des Anziehens, offenes Aufstellen von Haushaltsutensilien).

d) die demenzbetroffenen Bewohner weder mit Reizen verwirren noch zur Reizverarmung beitragen. Schlecht beleuchtete Räume oder unruhige Tapetenmuster oder unerwartete Spiegelungen können zu Angst und Unruhe führen. Umgekehrt können Wohnküchen mit Gerüchen und sichtbaren Utensilien der Passivität entgegenwirken.

e) die Herkunft der Bewohner und Bewohnerinnen berücksichtigen und damit ihre persönliche Identität stützen. Dinge aus der Vergangenheit oder die gleiche Möblierung wie zu Hause können emotionale Geborgenheit vermitteln. Sinnvoll kann auch die Einrichtung eigentlicher Reminiszenzräume sein, deren Dekoration und Einrichtung bewusst einer bestimmten Zeitepoche nachgebildet sind (vgl. Judd et al. 1998).

Pflegewohngruppen, die 8 bis 12 hilfs- und pflegebedürftige ältere Menschen unter professioneller Betreuung umfassen, sind zwar ebenso personalintensiv wie Alters- und Pflegeheime, aber – wenn bestehende Wohnangebote verfügbar gemacht werden können – weniger kapitalintensiv. Die Bereitstellung dezentraler Pflegestationen und Pflegewohngruppen kann vor allem in kleineren und mittelgrossen Gemeinden eine gute Alternative zum zeitraubenden Bau eines neuen Pflegeheims darstellen. In grösseren Gemeinden und Städten können Pflegewohngruppen das ambulante und stationäre Angebot ergänzen, wobei es je nach Situation sinnvoll ist, Pflegewohngruppen in Synergie mit bestehenden oder geplanten Pflegeheimen zu konzipieren. Sinnvoll ist zudem eine gute Vernetzung von Pflegewohngruppen untereinander, da damit gegenseitig von den gemachten Erfahrungen profitiert werden kann. Ein gutes Beispiel sind die angeführten Pflegewohnungen der Stiftung Alterswohnen in Albisrieden.

Bei Pflegewohngruppen ist die optimale Auswahl der Bewohner und des Pflegepersonals entscheidend.

Da es sich bei Pflegewohngruppen um quasi-familiale Wohneinheiten handelt, ist sachgemäss eine optimale Auswahl der Bewohner wie auch des Pflegepersonals entscheidend. Sowohl Bewohner als auch Pflegepersonal müssen ein hohes Mass an emotionaler Nähe und Verbundenheit ertragen. Die Intensität der Beziehung erhöht die Verbindlichkeit des Geschehens, und Ausweichmöglichkeiten werden in kleineren Wohneinheiten geringer. Entsprechend ist das Leben in einer Pflegewohngruppe nicht für alle betagten Pflegebedürftigen gleichermassen geeignet. Aufgrund der hohen emotionalen Nähe und Dichte haben auch personelle Fehlbesetzungen beim Personal rasch negative Folgen. Es gibt in Pflegewohngruppen – im Gegensatz zu grossen Alters- und Pflegeheimen – kaum Kolleginnen, die ausgleichen können. Die notwendige Intensität der Beziehungen in Pflegewohngruppen führt dazu, dass personelle Unvereinbarkeiten und Konflikte rasch an Intensität gewinnen. Deshalb sind eine externe Beratung und professionelle Supervision bei Pflegewohngruppen noch dringlicher als in anderen Alterseinrichtungen.

3

Zusammenfassung

Wohnung und wohnortnahe Umgebung werden als Lebensräume im höheren Alter wichtiger als in früheren Lebensphasen. Entsprechend zentral ist eine Gestaltung von Wohnung und Wohnumfeld, die den besonderen Interessen älterer Frauen und Männer optimal Rechnung trägt. Wohnen im Alter allerdings nur unter dem Aspekt des barrierenfreien Wohnens zu diskutieren, ist zu eng. Ebenso bedeutsam sind soziale Aspekte (Kontakte, Anregungen) sowie die Erhaltung einer möglichst hohen Selbstbestimmung auch im hohen Lebensalter.

Die Wohnbedürfnisse und Wohnwünsche von Menschen sind auch im Alter unterschiedlich. Dies hängt damit zusammen, dass ältere Menschen unterschiedliche Lebens- und Wohnerfahrungen hinter sich haben und auch Prozesse des Alterns individuell verlaufen. Deshalb gibt es im Alter keine Wohnform, die für alle gleichermassen ideal ist.

Aufgrund der zu erwartenden demografischen Alterung wird der Wohnungsmarkt zukünftig noch stärker als heute von älteren Menschen bestimmt werden. Regional- und Städteplanung sowie Architektur müssen sich mehr als bisher um die Interessen älterer Frauen und Männer kümmern. Gegenwärtig können viele ältere Menschen von einer langen gesunden Lebenserwartung profitieren. Dadurch werden Ängste stark relativiert, dass mehr ältere Menschen automatisch mehr pflegebedürftige Menschen bedeuten. Dennoch ist Pflegebedürftigkeit im hohen Lebensalter nicht selten. Dies gilt vor allem für die über 80-jährigen Menschen, und gegenwärtig kann in der Schweiz von 110'000 bis 126'000 pflegebedürftigen älteren Menschen – die nicht mehr selbstständig haushalten können – ausgegangen werden.

Ein rascher Generationenwandel trägt dazu bei, dass das Alter von morgen ein anderes Gesicht aufweisen wird als das Alter von heute. Bei der Wohnplanung für ältere Menschen führt deshalb eine Fortschreibung der aktuellen Lebens- und Wohnsituation heutiger Rentner und Rentnerinnen in die Irre, da zukünftige Rentnergenerationen andere Lebens- und Wohnvorstellungen aufweisen, als dies gegenwärtig beobachtet werden kann. Heute geplante innovative Wohnprojekte – wie sie die Age Stiftung unterstützt – helfen mit, die Zukunft des Alters und auch die Zukunft einer demografisch alternden Gesellschaft positiv zu gestalten.

Seit Ende der 1970er Jahre gilt die Gleichung «arm = alt» nicht mehr. Die Einkommens- und Vermögensverhältnisse vieler älterer Menschen haben sich deutlich verbessert. Gleichzeitig darf jedoch nicht vergessen bleiben, dass weiterhin gut 20% aller Rentnerhaushalte mit wenig Einkommen und kleinen Renten auskommen müssen. Ein entscheidender wirtschaftlicher Faktor im Alter sind die Wohnkosten. Als meist langjährige Mieter und Mieterinnen wie auch als Hauseigentümer mit oft tiefen Hypothekarbelastungen liegen die absoluten Wohnkosten vieler älterer Menschen insgesamt tiefer, als dies bei jüngeren Altersgruppen der Fall ist. Im Durchschnitt geben Rentnerhaushalte um die 23% ihres Haushaltsbudgets für das Wohnen aus, und um die 17% der älteren Mieter und Mieterinnen klagen über zu hohe Mietkosten.

Im höheren Lebensalter zeigt sich eine verstärkte Polarisierung der Haushaltssituation. Einerseits gewinnen im Alter Klein- und Kleinsthaushalte an Bedeutung. Vor allem nach dem Wegzug der Kinder aus dem Elternhaus leben viele ältere Menschen entweder zu zweit oder allein. Aufgrund von Verwitwung leben im hohen Alter vor allem Frauen häufig allein, wogegen Männer auch im hohen Alter oft in einer Paarbeziehung leben. Andererseits steigt im hohen Lebensalter der Anteil von Menschen an, die in Alters- und Pflegeeinrichtungen leben. Gegenwärtig leben gesamtschweizerisch mehr als 22% der 80-jährigen und älteren Menschen in Alters- und Pflegeeinrichtungen. Mit steigendem Lebensalter nimmt der Anteil an Heimbewohnern zu, um bei den 95-jährigen und älteren Menschen auf 58% zu steigen. Pflegebedürftigkeit ist heute der wichtigste Grund für einen Wechsel in eine stationäre Alters- und Pflegeeinrichtung. Daneben können aber auch soziale Lücken (kein Partner, keine Kinder oder keine Freunde sowie ein geringes Einkommen) zum Übertritt in ein Alters- und Pflegeheim beitragen. Eine Reihe von Massnahmen (gute Vorinformation und Begleitung, u. a. m.) können den Wechsel vom «Daheim» ins «Heim» positiv beeinflussen. Die im Rahmen der Wohnumfrage 2003 der Age Stiftung befragten Heimbewohner und Heimbewohnerinnen wiesen insgesamt keineswegs eine geringere Wohnzufriedenheit auf als gleichaltrige zu Hause lebende Menschen.

Was die zu Hause lebende ältere Bevölkerung betrifft, lassen sich in den letzten Jahrzehnten vor allem vier wesentliche Veränderungen nachweisen: Erstens erhöhte sich der Anteil älterer Männer und Frauen in einem Einpersonenhaushalt (wobei diese Wohnsituation nicht von vornherein mit allein Leben gleichzusetzen ist). Zweitens hat sich der Anteil von Menschen erhöht, welche auch im Alter in einer Ehebeziehung leben. Dies ist primär darauf zurückzuführen, dass es sich bei den heutigen älteren Menschen um ehefreundliche Generationen handelt. Drittens hat sich der Anteil älterer Menschen verringert, welche mit oder bei einem ihrer Kinder wohnen. Das vorherrschende Muster der Generationenbeziehungen im höheren Lebensalter ist das Muster von Intimität auf Distanz (gute Beziehungen, gerade weil jede Generation für sich wohnt). Viertens zeigt sich ein deutlicher Rückgang im Anteil komplexer Haushaltsformen. Ein Zusammenleben mit anderen Verwandten oder Bekannten ist seltener geworden. Auch Alterswohngemeinschaften sind bei der heutigen älteren Generation noch wenig verbreitet. Die Haushaltsgrösse der zu Hause lebenden älteren Menschen hat sich in den letzten Jahrzehnten deshalb insgesamt deutlich verringert. Lebten im Jahre 1970 noch 28% der zu Hause lebenden 65-jährigen und älteren Menschen in einem Haushalt mit drei und mehr Personen, sind dies gegenwärtig noch 5%. Kleine Haushalte sind ein wichtiges Merkmal der Wohlstandssteigerung, weil damit mehr ältere Menschen die Möglichkeit geniessen, ihr Alltagsleben auch im höheren Lebensalter selbstständig zu gestalten.

Während sich die Haushaltsgrösse reduzierte, hat sich die Wohngrösse erhöht. Der Anteil älterer Menschen in kleinen Wohnungen – mit nur ein bis zwei Zimmern – hat sich verringert. Gegenwärtig müssen sich nur zwischen 4% und 5% der älteren Menschen mit beengten Wohnverhältnissen abfinden. Interessanterweise wird gegenwärtig eine zu grosse Wohnung von älteren Befragten häufiger angeführt als eine zu kleine Wohnung. Gut 40% der zu Hause lebenden Rentner und Rentnerinnen leben in Einfamilienhäusern, und um die Hälfte der jüngeren Rentnergeneration besitzt Wohn- und Hauseigentum. Die Wohneigentumsquote der älteren Generation hat sich namentlich in den 1990er Jahren deutlich erhöht. Aber auch eine Zweitwohnung ist speziell bei jüngeren Rentnern keineswegs eine Ausnahme, und mehr ältere Menschen als früher pendeln zwischen zwei Wohnorten.

Wenig geändert hat sich dagegen die allgemeine Wohndauer älterer Menschen. Die Mehrheit der zu Hause lebenden Rentner und Rentnerinnen lebt seit mehr als zwanzig Jahren in der gleichen Wohnung. Die hohe Wohndauer vieler älterer Menschen hat gleichzeitig Vor- wie Nachteile. Von Vorteil sind Vertrautheit und oft günstige Mieten. Von Nachteil sind fehlende Wohnanpassungen bei Behinderungen, und je vertrauter die Wohnung ist, desto schwerwiegender wird ein gesundheitlich bedingter Wohnwechsel.

Der Wohnstandard einer grossen Mehrheit älterer Menschen kann als gut bis sehr gut eingeschätzt werden, und er ist in den letzten Jahrzehnten angestiegen. Der hohe Wohnstandard beim privaten Wohnen führt auch gegenüber Alters- und Pflegeeinrichtungen zu hohen – und möglicherweise allzu hohen – Ansprüchen. Häufiger als eigentliche Wohnprobleme erwähnen ältere Menschen Probleme mit der Wohnumgebung: Lärmbelastungen, aber auch schlechte Luftqualität und eine unsichere Wohngegend werden als negative Umgebungsfaktoren recht häufig angeführt. Mehr als jeder fünfte ältere Mensch fühlt sich durch eine lärmige Wohngegend gestört, und viele ältere Menschen fühlen sich nach Anbruch der Dunkelheit auf der Strasse unsicher. Diese Angst trifft vor allem Menschen im Alter von über 80 Jahren sowie ältere Frauen und im Alltagsleben leicht beeinträchtigte Personen.

Innerhalb ihrer privaten Wohnung verfügt die überwiegende Mehrheit der zu Hause lebenden älteren Menschen somit über einen hohen bis sehr hohen Wohnstandard. Für eine beträchtliche Minderheit älterer Menschen ist weniger die Wohnung als die unmittelbare Wohnumgebung ein Problem. Innovative Wohnprojekte müssen deshalb namentlich in städtischen Gebieten auch auf eine Verbesserung der Wohnumgebung zielen, etwa durch Massnahmen zur Verkehrsberuhigung, zur Verbesserung der öffentlichen Sicherheit oder durch eine bessere Vernetzung von Menschen im Rahmen von Nachbarschaftsprojekten usw. Eine gute individuelle Wohnlage bei schlechter

Wohnumgebung führt zum Rückzug ins Private, wodurch sich das Risiko der Vereinsamung älterer Menschen erhöht.

Wird direkt nach der Wohnzufriedenheit gefragt, zeigt sich in allen Untersuchungen eine allgemein hohe Wohnzufriedenheit. In den letzten Jahrzehnten hat sich die Wohnzufriedenheit älterer Menschen weiter erhöht. Bei den zu Hause lebenden älteren Menschen ist die Wohnzufriedenheit positiv mit dem Gesundheitszustand verbunden. Wer seine Wohnung selbst besitzt, ist zufriedener als wer eine Wohnung mietet, und erwartungsgemäss sinkt die Wohnzufriedenheit, wenn die Wohnung als zu klein eingeschätzt wird. Bei den befragten Heimbewohnern erweist sich, dass Frauen hier zufriedener sind als Männer. Die grösste Wohnzufriedenheit im Heim zeigt sich bei verwitweten Frauen, wogegen verheiratete Heimbewohner eine geringere Wohnzufriedenheit aufweisen. Auch in Alters- und Pflegeheimen variiert die Wohnzufriedenheit in statistisch bedeutsamer Weise mit der Wohn- bzw. Zimmergrösse.

Die hohe Wohnzufriedenheit älterer Menschen – und speziell zu Hause lebender Menschen – ist allerdings kein guter Gradmesser dafür, ob eine Wohnung altersgerecht eingerichtet ist. Die hohe Wohnzufriedenheit älterer Menschen widerspiegelt nicht allein einen hohen Wohnstandard, sondern sie ist auch das Ergebnis einer gegenseitigen Anpassung von Person und Wohnung. Dadurch werden manche Wohnungsmängel nicht oder nur bedingt wahrgenommen. Ältere Menschen gewöhnen sich häufig allzu leicht an unbefriedigende oder nicht altersgerechte Wohnbedingungen. Gewöhnung und Anpassung wie auch reduzierte Ansprüche können auch bei objektiv schlechten Wohnbedingungen zu einer hohen Wohnzufriedenheit beitragen. Deshalb sind allgemeine Fragen zur Wohnzufriedenheit für die Wohnplanung im Alter nur sehr bedingt brauchbar. Allgemeine Zufriedenheitsfragen sollten durch spezifischere Fragen zur Wohnsituation (spezifische Wohnwünsche, Probleme mit Wohnung, wahrgenommene Barrieren im Alter usw.) ergänzt werden.

Eine gemütliche, ruhige und kostengünstige Wohnung sind die Wohndimensionen, die bei älteren Menschen am häufigsten eine hohe Priorität geniessen. Stark gewichtet wird von vielen älteren Menschen auch die Nähe von Einkaufsmöglichkeiten, was für eine dezentrale Versorgungsstruktur spricht. Gemütlichkeit ist ein Wohnwert, der relativ unabhängig von sozialen Merkmalen (Alter, Geschlecht, Bildungshintergrund usw.) von der heute älteren Generation einheitlich betont wird. Eine kostengünstige Wohnung wird namentlich von älteren Menschen mit geringerem Einkommen und tiefem Bildungsstatus hoch gewichtet. Eine ruhige Wohnung wird wiederum von allen sozialen Gruppen durchgehend stark betont, und zwar unabhängig von der effektiven Lärmbelastung. Gut jede fünfte ältere Person erlebt allerdings zwischen dem Wunsch nach ruhigem Wohnen und tatsächlicher Lärmbelastung eine klare Diskrepanz. Die Nähe zu Einkaufsmöglichkeiten wird von Frauen stärker betont als von Männern. Gleichzeitig gewichten Personen, die tatsächlich nahe gelegene Einkaufsmöglichkeiten erfahren, diesen Wohnaspekt stärker. Dies weist darauf hin, dass zumindest ein Teil der älteren Bevölkerung ihren Wohnort nach den Einkaufsgelegenheiten wählt bzw. gewählt hat. Jede achte Person erfährt allerdings diesbezüglich eine wahrnehmbare Kluft zwischen Wunsch und Wirklichkeit.

Soziale Wohnaspekte (geräumige Wohnung mit Platz für Gäste, in der Nähe von Angehörigen leben) stehen für die Mehrheit der befragten älteren Menschen weniger im Zentrum. Eine geräumige Wohnung und Platz für Gäste wird vor allem von Menschen mit akademischer Bildung betont, wogegen der Wunsch nach nahe gelegenen Angehörigen zum einen mit dem Lebensalter ansteigt. Zum anderen wird dieser Wohnaspekt von älteren Menschen stärker betont, die eigene Kinder und Enkelkinder haben. Fast ein Fünftel der Befragten lebt allerdings nach eigenen Angaben zu weit von ihren Kindern entfernt.

Die Rollstuhlgängigkeit einer Wohnung ist für die meisten älteren Menschen (noch) kein zentrales Thema, mit zwei Ausnahmen: Im Alltagsleben beeinträchtigte Menschen gewichten diesen Wohnaspekt stärker, und wer die Rollstuhlgängigkeit seiner Wohnung als wichtig einschätzt, lebt häufiger in einer behindertengerechten Wohnung. Allerdings zeigt sich, dass gut 22% der älteren Menschen zwar eine rollstuhlgängige Wohnung als wichtig bis sehr wichtig einstufen, ihre aktuelle Wohnung jedoch bei Behinderungen als ungeeignet wahrnehmen. Auch in diesem Wohnbereich klaffen Wunsch und Wirklichkeit recht häufig auseinander.

Stimulation und Leben in der Wohnumgebung («um die Wohnung herum soll etwas los sein, Leben sein») sind Wohnwerte, die von der Mehrheit der heutigen älteren Generation kaum betont werden. Dies hat damit zu tun, dass eine stimulierende und lebendige Wohnumgebung gegenwärtig kein diskutiertes Wohnthema darstellt. «Alter und Ruhe» sind die vorherrschenden Klischees, wogegen «Alter und Lebendigkeit» dem traditionellen Altersbild widersprechen.

Ein Zusammenleben mit anderen Menschen ist ein Wohnwert, der gegenwärtig ebenfalls eine geringe Priorität aufweist. Ein Zusammenleben mit anderen Menschen wird noch weniger stark gewichtet als ein Zusammenleben mit Haustieren. Von den allein lebenden Befragten erachten fast 80% ein Zusammenleben mit anderen Menschen als weniger wichtig. Aus diesem Grund ist zu erwarten, dass Formen gemeinschaftlichen Wohnens (vorerst) nur für eine ausgewählte Minderheit älterer Menschen attraktiv sind.

Ein bedeutsames Ergebnis der Wohnumfrage 2003 der Age Stiftung besteht darin, wie häufig zu Hause lebende ältere Frauen und Männer – trotz hoher allgemeiner Wohnzufriedenheit – die Eignung ihrer jetzigen Wohnung bei einer körperlichen Behinderung verneinen: Gut die Hälfte erachtet ihre Wohnung in diesem Fall als ungeeignet. Nur 17% betrachten ihre Wohnung auch bei einer Behinderung als uneingeschränkt geeignet. Überraschend ist zudem, dass nur wenige Befragte dieser heiklen Frage ausgewichen sind (was sich in geringen Anteilen von Antwortverweigerungen ausdrückte). Die Frage einer alters- bzw. behindertengerechten Gestaltung der Wohnung ist für die grosse Mehrheit (noch gesunder) älterer Menschen durchaus kein allgemeines Tabu. Am meisten Schwierigkeiten bieten bei Einschränkungen der Mobilität die Treppen. Auch das Fehlen eines Lifts wird oft als Einschränkung wahrgenommen, vor allem in Mehrfamilienhäusern. Türschwellen sowie nicht rollstuhlgängige Badezimmer oder Küchen werden ebenfalls häufig als potentielle Hindernisse angeführt. Und ein Drittel der Mieter befürchtet, dass ihr Vermieter keine entsprechenden Umbauten bewilligen würde. Die Umfrageergebnisse verdeutlichen, dass ein grossser Bedarf nach Wohnberatung und Vermittlung von Informationen zu möglichen Wohnanpassungen vorliegt.

Da viele der befragten zu Hause lebenden älteren Menschen gesund sind und dies oft auch für längere Zeit bleiben werden, ist eine nicht behindertengerechte Wohnung momentan – und bei jüngeren Rentnern auch mittelfristig – kein aktuelles Problem. Weniger als 10% der zu Hause lebenden älteren Menschen im Alter von 60 Jahren und mehr erfahren den Zugang zu ihrer Wohnung schon jetzt als beschwerlich. Die fehlende Eignung der Wohnung bei gesundheitlichen Einschränkungen ist für viele ältere Menschen damit erst ein Zukunftsproblem. Deshalb haben sich viele ältere Menschen bisher kaum Gedanken über einen Wohnwechsel aus Altersgründen gemacht. Dies gilt vor allem für die jüngeren Altersgruppen. Eine Mehrheit, die sich mehr oder weniger gründliche Gedanken zu einem altersbedingten Wohnwechsel gemacht hat, findet sich erst bei den über 80-jährigen zu Hause lebenden Frauen und Männern. In dieser Altersgruppe hat sich schon mehr als jede vierte Person konkret in einem Alters- und Pflegeheim angemeldet.

Gründliche Gedanken über einen Wohnwechsel aus Altersgründen werden primär durch gesundheitlich bedingte Einschränkungen des Alltagslebens sowie durch eine fehlende Eignung der aktuellen Wohnung bei einer Behinderung ausgelöst. Es sind konkrete Erfahrungen mit funktionalen Wohnerschwernissen – körperlich bedingt oder durch eine ungeeignete Wohnung ausgelöst –, welche Menschen dazu bringen, sich mit einem Wohnwechsel vertraut zu machen. Das Alter an sich tritt bei genauer Analyse in den Hintergrund.

Eine konkrete Anmeldung für ein Alters- und Pflegeheim erfolgt zumeist – unabhängig von anderen Faktoren – erst im höheren Lebensalter (von 80 Jahren und älter). Zusätzlich spielt eine schlechte subjektive Gesundheit eine Rolle, und wer unverheiratet ist, meldet sich häufiger an. Dies entspricht der Feststellung, dass unverheiratete alte Menschen häufiger in Alters- und Pflegeheimen leben als gleichaltrige Verheiratete. Die Frage nach persönlich denkbaren Wohnmöglichkeiten für die Zukunft führte zu sehr gemischten Reaktionen. Dies hängt zum einen damit zusammen, dass sich viele ältere Menschen mit ihrer jetzigen, oft jahrzehntelang bewohnten Wohnung stark verbunden fühlen. Zum anderen weist jede Wohnform im Alter sowohl Vor- wie Nachteile auf, was eine eindeutige Entscheidung für oder gegen bestimmte Wohnoptionen nicht vereinfacht.

Für zwei Fünftel der zu Hause lebenden 60-jährigen und älteren Frauen und Männer erscheint keine der vorgestellten Wohnmöglichkeiten positiv denkbar. Ein Wechsel der Wohnlage wird nur im Notfall («wenn es sein muss») akzeptiert. Die übrigen drei Fünftel können sich mindestens für eine Alternative erwärmen, wobei ein Umzug in eine kleinere Wohnung, in eine Seniorenresidenz oder in eine Alterswohnung am häufigsten angeführt werden.

Der freiwillige Wechsel in eine kleinere Wohnung wird vor allem in Betracht gezogen, wenn die aktuelle Wohnung als zu gross wahrgenommen wird. Dies ist primär bei älteren Wohneigentümern der Fall, die in einem Einfamilienhaus leben. Ein Umzug in eine Alterswohnung wird am ehesten bei mittelmässiger bis schlechter Gesundheit und bei nicht behindertengerecht eingerichteter Wohnung ins Auge gefasst, wogegen eine Seniorenresidenz vor allem bei Befragten mit höherem Einkommen und höherer Bildung Anerkennung findet. Im Gegensatz zu Alters- und Pflegeheimen wird das Bild der Seniorenresidenz nicht mit Krankheit und Behinderung in Zusammenhang gebracht, und entsprechend können auch gesunde Senioren diese Wohnform attraktiv finden.

Das Bild von Alters- und Pflegeheimen als Einrichtungen für sonst nicht lösbare Altersprobleme wird auch in der Befragung deutlich: Nur wenige erachten es als positive Wohnmöglichkeit, sondern mehrheitlich ist es eine Wohnform, die im Notfall akzeptiert werden muss. Daher schliesst nur eine Minderheit älterer Menschen einen Umzug in eine Alters- und Pflegeeinrichtung von vornherein aus. Viele ältere Menschen zeigen ein pragmatisches Verhältnis zu den denkbaren Folgen eines hohen Lebensalters, und diese pragmatische Haltung ist schlussendlich ein wichtiges Element, um auch Verluste des Alters zu bewältigen. Die Zustimmung zum Wechsel in eine Alterseinrichtung steigt einerseits mit dem Alter und andererseits mit der Befürchtung, dass sich die Gesundheit zukünftig verschlechtern wird. Soziale Faktoren sind insofern von Bedeutung, als das Fehlen von Freunden und die Wahrnehmung eines Vereinsamungsrisikos in der jetzigen Wohnsituation die Bereitschaft erhöht, in eine Alterseinrichtung zu wechseln.

Die Wohnmöglichkeiten selbst für hilfs- und pflegebedürftige ältere Menschen beschränken sich heute kaum mehr auf die Alternative «Daheim oder Heim«. Sie umfassen immer mehr unterschiedliche Formen eines betreuten Wohnens. Das Konzept des betreuten Wohnens im Alter geht von zwei zentralen Grundideen aus: Zum einen soll nur so viel Hilfe geleistet werden, wie jeweils benötigt wird. Es sind die älteren Menschen selbst, die über das Ausmass an Hilfe bestimmen und nicht eine Institution. Zum anderen soll ein möglichst privates und autonomes Leben auch dann garantiert bleiben, wenn ältere Menschen auf Hilfe und Pflege angewiesen sind. Die Gestaltung betreuter Wohnformen variiert stark, und betreute Alterswohnformen umfassen sowohl grosszügig eingerichtete Seniorenresidenzen mit Betreuung und Pflege à la carte als auch einfach gestaltete Alterswohnungen mit Anbindung an Spitex-Dienste. Die Erfahrungen belegen, dass betreute Wohnformen optimal sein können für ältere Menschen mit gesundheitlichen Problemen und Beschwerden, die jedoch noch nicht pflegebedürftig sind. Die Grenzen betreuten Wohnens zeigen sich vielfach bei schwerer Pflegebedürftigkeit und speziell bei demenziellen Erkrankungen (sofern nicht eine intensive Betreuung durch pflegende Angehörige sichergestellt ist).

Aber auch für pflegebedürftige und demenzerkrankte ältere Menschen wurden in den letzten Jahrzehnten erfolgreiche innovative Betreuungsformen aufgebaut. Dazu gehören in der Schweiz namentlich dezentrale Pflegestationen und Pflegewohngruppen. Durch ein Zusammenleben in einem überschaubaren, aber intensiv betreuten gemeinsamen Haushalt können pflegebedürftige und/oder demenzerkrankte ältere Menschen ihre noch vorhandenen – beispielsweise emotionalen – Fähigkeiten besser entfalten. Die pflegerischen Tätigkeiten sind in einen normalen Alltagsrhythmus eingebettet. Pflegewohngruppen, die zwischen acht bis zwölf hilfs- und pflegebedürftige ältere Menschen unter professioneller Betreuung umfassen, sind vor allem für kleinere und mittelgrosse Gemeinden eine sinnvolle Alternative zum zeitraubenden Bau eines neuen Pflegeheims. Aber auch in Städten können dezentrale Pflegestationen das bestehende stationäre Angebot sinnvoll ergänzen. Dies gilt insbesondere für demenzkranke Menschen, deren Lebensqualität durch kleine und übersichtlich gestaltete Wohnformen verbessert wird. Eine wichtige Voraussetzung für das Funktionieren von Pflegewohngruppen ist einerseits eine gute Vernetzung mit anderen ambulanten oder stationären Angeboten. Andererseits ist auch eine optimale Auswahl sowohl der Bewohner als auch des Pflegepersonals entscheidend, da nicht alle älteren Menschen und nicht alle jüngeren Pflegefachpersonen die hier zwangsweise auftretende emotionale Nähe und Verbundenheit ertragen. Pflegewohngruppen sollten nie ohne professionelle Supervision bleiben.

Die verschiedenen Formen ambulanter, teilstationärer und stationärer Altersbetreuung sind nicht als Gegensätze zu verstehen, sondern sie bilden Angebote, die unterschiedliche Gruppen älterer Menschen ansprechen (und die sich idealerweise wechselseitig ergänzen). Alterswohnungen wie auch Pflegewohngruppen beispielsweise profitieren häufig von einer Anbindung an eine stationäre Alterseinrichtung, wie umgekehrt ein Alters- und Pflegeheim eine bedeutsame Öffnung erfährt, wenn es behindertengerecht eingerichtete Alterswohnungen umfasst.

In den letzten Jahren erhielt die Idee einer Alterswohngemeinschaft oder einer Altershausgemeinschaft eine erhöhte mediale Aufmerksamkeit. Auch bei gerontologischen Fachleuten – vielfach Frauen und Männer, welche in früheren Lebensjahren selbst Wohngemeinschaftserfahrungen gemacht haben – stösst der Gedanke einer Alterswohngemeinschaft auf viel Sympathie. Das Interesse von Medien und Gerontologie an dieser gemeinschaftlichen Wohnform hat zu einer spannenden Diskrepanz zwischen der allgemeinen Bewertung dieser Lebensform und den konkreten Lebensvorstellungen heutiger Rentnergenerationen geführt: Einerseits erfuhr der Gedanke einer Alterswohngemeinschaft in den letzten Jahren eine erhöhte gesellschaftliche Akzeptanz, und dies auch bei der älteren Generation. Andererseits zeigen sich – wenn konkret nach Lebensentwürfen gefragt wird – bei sehr vielen älteren Menschen klare Bedenken gegenüber dieser Wohnform. Nur gut jede zehnte ältere befragte Person bejaht die Frage, ob eine Alterswohngemeinschaft für sie konkret vorstellbar wäre. Das Stimmungsbild der heutigen älteren Generation lässt sich wie folgt zusammenfassen: «Gute Idee, für andere.»

Faktisch sind Alterswohngemeinschaften und auch Altershausgemeinschaften – auch wenn gute und funktionierende Beispiele existieren – weiterhin relativ selten. In der Schweiz liegt der Anteil dieser Haushaltsform an allen Rentnerhaushalten noch bei 1%–2%. Dabei ist allerdings ein zentraler Aspekt bedeutsam: Auch wenn statistisch betrachtet Alterswohngemeinschaften noch wenig verbreitet sind, besteht die gesellschaftliche Bedeutung dieser Wohnform darin, dass mit der Idee der Alterswohngemeinschaft ein spannendes Experimentierfeld entstanden ist, und die Idee der Alterswohngemeinschaft strahlt auf andere Wohnformen im Alter aus: Zum einen wird damit das Prinzip selbstbestimmten Lebens im Alter betont. Zum anderen wird ein Gegenmodell zur Vereinzelung älterer Menschen vorgelebt, und auch im Alterspflegebereich werden gemeinschaftliche Wohnformen durchaus praktiziert (wie das Beispiel von Pflegewohngruppen illustriert).

Alterswohn- und Altershausgemeinschaften können unterschiedlich gestaltet sein, und das Konzept gemeinschaftlichen Wohnens kann generationenübergreifende Wohn- und Hausgemeinschaften einschliessen. Gemeinschaftliche Wohnformen haben unbestreitbar klare Vorteile (gegenseitige Hilfe und Unterstützung, vermehrte Anregungen und Kontakte, aber auch Einsparungen durch gemeinsames Haushalten). Umgekehrt stellt gemeinschaftliches Wohnen hohe Ansprüche, nicht allein, was geeignete Wohnräume betrifft, sondern auch bezüglich sozialer Kompetenzen der Bewohner. Voraussetzung ist eine gemeinschaftliche Haltung, die weit über jene einer unverbindlichen Nachbarschaft hinausgeht. Ein häufiges Grundproblem bei vielen Projekten liegt darin, dass sich ältere Menschen primär für das Wohnen, jedoch weniger für die Gemeinschaft interessieren. Das Zusammenziehen in eine Wohngemeinschaft genügt als Basis häufig nicht, sondern das Zusammenleben und die Pflege gemeinsamer Interessen sollten schon vorgängig thematisiert werden.

Folgerungen

An Stelle eines Schlusswortes sollen im Folgenden kurz einige zentrale Folgerungen aus der durchgeführten Analyse formuliert werden, und zwar in Thesenform:

1 Aufgrund des ausgeprägten Generationenwandels (jede Generation erfährt ihr Alter anders) ist eine (lineare) Fortschreibung der aktuellen Lebens- und Wohnlage heutiger älterer Menschen als Planungsgrundlage für die Zukunft sehr problematisch.

2 Auch in nächster Zukunft wird sich die zu Hause lebende ältere Bevölkerung stark auf Klein- und Kleinsthaushalte konzentrieren. Neben Einpersonenhaushalten wird aufgrund des Alterns ehefreundlicher Generationen in den nächsten Jahren vor allem die Zahl von Paarhaushaltungen ansteigen.

3 Eine zentrale Zukunftsaufgabe der wohnbezogenen Altersarbeit dürfte darin liegen, die Vernetzung zwischen den Kleinhaushaltungen älterer Menschen zu verbessern, etwa durch Nachbarschaftsprojekte oder durch die Organisation haushaltsübergreifender Aktivitäten.

4 Die Nachfrage nach Alterswohnungen, aber auch nach Alters- und Pflegeheimplätzen ist nicht allein von der gesundheitlichen Entwicklung älterer Menschen abhängig, sondern bedeutsam sind auch die sozialen Netzwerke und die regionale Wohnungsmarktentwicklung (z. B. Abbruch billigen Wohnraums usw.).

5 Der hohe Wohnstandard der grossen Mehrheit älterer Menschen bedeutet, dass entsprechende Ansprüche auch auf Alterswohnungen und Alterseinrichtungen ausstrahlen. Kleine Alterswohnungen haben keine Zukunft.

6 Immer mehr ältere Menschen sind Wohn- oder Hauseigentümer, und eine Alterspolitik der Zukunft muss sich vermehrt Fragen des Wohneigentums im hohen Lebensalter stellen (Verrentung von Wohneigentum bei Pflegebedarf, frühzeitige Planung des Einfamilienhauses auf das hohe Alter u. a.).

7 Für eine beträchtliche Zahl älterer Menschen ist weniger die Wohnung als die unmittelbare Wohnumgebung ein Problem (Lärmbelastung, unsichere Strassen u. a.). Innovative Projekte zum Wohnen im Alter müssen speziell in städtischen

Gebieten auf eine Verbesserung der Wohnumgebung zielen. «Wohnen im Alter» ist kein Thema, das an der Haustüre endet.

8 Viele Wohnungen sind bei körperlichen Behinderungen schlecht oder gar nicht geeignet. Die Hälfte der zu Hause lebenden älteren Menschen betrachtet ihre Wohnung diesbezüglich als ungeeignet. Zumindest potentiell besteht ein grosser Bedarf nach Wohnberatung und Vermittlung von Informationen zu möglichen Wohnanpassungen.

9 Die Werthaltungen und Diskussionen zum Wohnen im Alter sind zu stark von Gemütlichkeit und Ruhe geprägt. Der Wohnwert einer stimulierenden Umwelt und Nachbarschaft ist zu wenig präsent (auch in der Wohnplanung nicht).

10 Der Gegensatz «Daheim versus Heim» gehört theoretisch wie praktisch der Vergangenheit an. Verschiedene Formen betreuten Wohnens haben in den letzten Jahren einen Aufschwung erfahren. Was vielfach fehlt, ist eine bessere Vernetzung und ein verstärkter Austausch zwischen unterschiedlichen Wohnformen. In der föderalistisch aufgebauten Schweiz besteht weiterhin die Gefahr, dass das Rad immer wieder neu erfunden wird.

11 Pflegewohngruppen sind für manche Gemeinde eine sinnvolle Alternative zum zeitraubenden Bau eines neuen Pflegeheims, und in anderen Gemeinden bilden sie eine wertvolle Ergänzung stationärer Angebote. Speziell demenzkranke ältere Menschen sind auf kleine und übersichtliche Wohneinrichtungen angewiesen.

12 Alterswohngemeinschaften, aber auch Altershausgemeinschaften sind statistisch in der Schweiz noch wenig verbreitet, aber mit dieser Wohnidee ist ein spannendes Experimentierfeld entstanden, das auf andere Wohnformen für ältere Menschen ausstrahlt. Eine Förderung solcher Wohnprojekte kann Auswirkungen weit über das einzelne Wohnprojekt aufweisen.

Wohnen im Alter – Eindrücke und Einblicke

Dinge, wofür wir keine Bilder haben, sind schwer vorstellbar. In den folgenden Beiträgen wurde deshalb versucht, hineinzuschauen in konkrete Beispiele von Wohnen im Alter. Ausgewählt ausschliesslich kollektiv organisierte Wohnformen, und zwar aus dem Bereich des gemeinschaftlichen Wohnens und aus dem Bereich der institutionellen Betreuung. Die Reportagen fanden im Herbst 2003 statt, aus dieser Zeit stammen auch die Zahlen in den Beispielen.

Im Verhältnis zu ihrem tatsächlichen Vorhandensein überproportional vertreten sind die proaktiven Projekte der Altershausgemeinschaften. Sie wurden ausgewählt, weil sie eine neuere Haltung gegenüber dem Wohnen im Alter repräsentieren, indem schon frühzeitig und ohne offensichtliche Notwendigkeit neue Wohnformen initiiert wurden. Das Beispiel aus Bern ist interessant, weil es, im Unterschied zu vielen anderen Projekten, auch von Männern mitgetragen wird. Das Beispiel aus Aarau ist bemerkenswert, weil eine generationen-übergreifende Hausgemeinschaft gebildet wurde, die mit der gleichen Grundphilosophie lebt, nämlich sich beizustehen, wenn Unterstützung nötig ist.

Wohnen mit Dienstleistungen, wie im Beispiel Schöneggpark dargestellt, ist in dieser Form in der Schweiz noch wenig verbreitet. Zum Grundprinzip des Bonacasa-Modells gehören behindertengerecht gebaute Eigentumswohnungen in altersdurchmischten Siedlungen. In allen Wohnungen ist ein Notrufsystem installiert, und es werden Dienstleistungen angeboten, die über benachbarte Organisationen wie Alters- und Pflegeheime, stationäre Pflegewohngruppen oder Spitexstützpunkte bezogen werden können.

Als Beispiel für die zunehmende Zahl von dezentralen Pflegestationen wurde die Pflegewohnung «Am Bach» der Stiftung Alterswohnen in Albisrieden gewählt. Die Stiftung betreibt mehrere Pflegewohnungen und verfügt über reiche, langjährige Erfahrung mit einer Wohnform, die auch heute noch in einigen Teilen der Schweiz wenig bekannt ist.

Schliesslich sollte auch ein klassisches Altersheim besucht werden. Im Altersheim Dreilinden in Rotkreuz gewährten Bewohnerinnen und Bewohner sowie die Heimleitung einen Einblick in den Alltag in einem Altersheim.

BERN

Hausgemeinschaft auf gehobenem Niveau

Es war ein radikaler Schritt: Ihre Kinder waren ausgezogen, die Familienhäuser zu gross geworden – Zeit, um noch einmal etwas Neues anzufangen. Entstanden ist eine inspirierte Hausgemeinschaft im **Stürlerhaus Bern**.

Paula Lanfranconi

«Stürlerspital des Diakonissenhauses Bern» steht in Bronzelettern über dem Portal des herrschaftlichen Gebäudes aus Sandsteinquadern. Dazu die Jahrzahl 1659. Vor dem Haus fliesst, wie ein Symbol für die enteilende Zeit, die Aare. Drinnen im Haus erinnert nichts mehr an ein Spital. Die hohen, gemeinschaftlich genutzten Räume sind sorgfältig restauriert und sparsam möbliert: Das Esszimmer mit dem langen, aus einer Scheune geretteten Esstisch aus Kirschenholz. Der fast klösterlich karg wirkende Salon. Und die Küche, ausgestattet mit kühlem Hightech und trotzdem das warme Herz der Hausgemeinschaft.

Doch dieses Herz-Stück hätte auch ein Wohnwagen sein können oder ein städtisches Mehrfamilienhaus – damals vor über sieben Jahren, als sich die Mitglieder des Vereins «Andere Wohnformen» zusammenfanden. Es waren alles Leute ab 40 aus dem oberen Mittelstand, wohnhaft in der Region Bern. «Der Weg», sagen die beiden Mitbegründerinnen Margareta Hehl und Barbara Zohren, «war uns wichtiger als ein bestimmtes Objekt.» Ihre Kinder waren ausgezogen, ihre Häuser zu gross geworden. Sie suchten neue Formen des Zusammenlebens. Drei, vier Mal im Jahr kam die Gruppe zusammen. Testete gar während gemeinsamer Ferien an abgelegenen Orten, ob man zusammen passte. Nach diversen Besichtigungen war klar: Das gemeinsame Haus sollte nicht irgendwo in der Wildnis stehen, sondern in Bern, verkehrsmässig gut erschlossen und mit breitem Kulturangebot.

Der Zufall wollte es, dass das Diakonissenhaus Bern im Jahr 2000 das so genannte Stürlerspital im Altenberg-Quartier zum Verkauf anbot. «Für mich», sagt Bettina

Steinlin-Plattner, «wars Liebe auf den ersten Blick.» Mit seinen dicken Mauern erinnerte sie das Stürlerhaus an ihr Engadiner Elternhaus. Auch neun weitere Vereinsmitglieder verliebten sich in das historische Gebäude. Sie gründeten eine Genossenschaft und reichten den Diakonissen ihr Konzept ein: Keine Schickimicki-Renovation und keine Eigentumswohnungen wollten sie, sondern Gemeinschaftlichkeit. Die privaten Räume, so genannte «Einheiten» aus je einem Wohn- und Schlafraum plus Küche und Nasszelle, sollten an die Genossenschaftsmitglieder nur vermietet werden. Den Diakonissen und der Denkmalpflege gefiel das Konzept. Die Gruppe erhielt den Zuschlag.

Ein knappes Jahr leben sie jetzt zusammen im Stürlerhaus – eine inspirierende Runde, wie sie da, lebhaft debattierend, am Tisch sitzt: Drei Ehepaare, drei weibliche und ein männlicher Single. Sie sind zwischen 57 und 69 Jahre alt, haben interessante Berufe: Bibliothekarin, Biologielehrerin, Planer, Laborantin, Arzt, Ingenieur, Juristin, Sozialarbeiterin, Psychologin. Die meisten sind noch berufstätig, das Gemeinschaftsleben beschränkt sich auf Abende und Wochenenden. Alle 14 Tage ist Haussitzung, vorher isst man zusammen, trinkt ein Glas Wein im Garten. Oder man sieht sich im Compiraum. Früher war hier das Sterbezimmer des Spitals. Wenn sie dort durch den Äther surfe, sagt Barbara Zohren, fühle sie sich irgendwie mit den verstorbenen Seelen verbunden.

Wir reden gerade über Nähe und Distanz, als ein ohrenbetäubender Lärm ertönt: Die beiden Hauskatzen sind sich in die Haare geraten. So handgreiflich gehe es bei ihnen nicht zu, lacht Ruth Falb und erzählt, sie werde ungefähr alle drei Monate gefragt, wie es ihr denn so gehe in der neuen Gemeinschaft, in der die privaten Türen geschlossen

sind, und man sich eher telefoniert, als einfach anzuklopfen. Wo man aber, was Regula Willi wichtig findet, auch die Möglichkeit zur Nähe habe.

Ganz ohne Seelenqualen liess sich die Hausgemeinschaft nicht bewerkstelligen: Vor dem Verkauf ihres Familienhauses verbrachten etliche GenossenschafterInnen mehr als eine schlaflose Nacht. Und die Frauen wussten lange nicht, ob ihre Männer mitmachen würden – schliesslich waren sie gut verwurzelt in ihren Siedlungen. Fritz Muchenberger hatte zwar schon länger vor, das Alter mit Gleichgesinnten zu verbringen. Aber schon mit 55 einzusteigen, dünkte ihn ein bisschen früh. Den Ausschlag gaben dann aber die Beziehungen in der Gruppe: «Eine solche Gelegenheit», sagte sich der Bauingenieur, «kommt nicht so bald wieder.» Martin Gerber, Planer von Beruf und erst kurz in der Gruppe, findet es wichtig, dass seine Generation aufs Alter hin ihre Wohnfläche reduziere. Für ihn ist die neue Gemeinschaft ein Prozess, von dem er noch nicht weiss, wohin er führt.

Einen Prozess zu durchlaufen hatten auch die Kinder der GenossenschafterInnen – und dabei flossen durchaus Tränen, denn immerhin ging es um den Verlust des Elternhauses. Inzwischen seien die Kinder aber recht glücklich, und sie hätten sogar einen Gewinn, sagt Barbara Zohren: «Wenn sie zu Besuch kommen, sind noch andere Junge da, und sie lernen einander kennen.»

Ans Alter denkt die Hausgemeinschaft heute weniger als während früherer Diskussionen, wo Sterben und Tod im Hause durchaus ein Thema gewesen sei, wie der Arzt Richard Hehl sagt. Das historische Gebäude ist nicht rollstuhlgängig, doch die wichtigs-

ten Niveauunterschiede könnten mit Rampen überwunden werden, und im Neubauteil hat es einen Lift. Im Waschhaus, wo die Gruppe jetzt heiss begehrte Bed & Breakfast-Räume anbietet, könnte man zudem einer externen Pflegeperson ein Zimmer anbieten. Ihren Zweckartikel, wonach sie sich «bei Krankheiten und speziellen Bedürfnissen im Älterwerden gegenseitig helfen», nehmen die GenossenschafterInnen sehr ernst. Aber sie sind auch gelassener geworden, müssen nicht sämtliche Probleme zum Voraus lösen. «Sonst», meint Margareta Hehl pragmatisch, «sässen wir wahrscheinlich nicht hier.»

Sie haben noch viel vor. Nächste Woche kommt ein Völkerrechtler zu Besuch, sie werden zusammen mit Gästen Kants «Über den ewigen Frieden» lesen. Und nach den Sommerferien sollen im Kulturraum, einem stimmungsvollen Kellergewölbe, philosophisch-politische Matineen stattfinden. Doch ihr Modell, betont die Gruppe zum Schluss, lasse sich auch in einem einfacheren Rahmen verwirklichen. «Es ist», sagt Richard Hehl, «mehr das Personelle, das eine Rolle spielt.»

Hausgemeinschaft Stürlerhaus der Genossenschaft «Andere Wohnformen», Bern

Mietzins pro Monat: 2-Zimmer-«Einheiten», bestehend aus Wohnraum, Schlafzimmer, Küche und Nasszelle, je nach Grösse 1200 bis 2500 Franken. Jedes Genossenschaftsmitglied muss acht Anteilscheine von je 10 000 Franken übernehmen. **Anzahl Wohnungen:** 7 **Trägerschaft:** Wohnbaugenossenschaft «Andere Wohnformen» im Stürlerhaus am Altenberg, Bern. Gegründet 2000. Die Genossenschaft setzt sich ein für gemeinschaftliches, vielfältiges, lebendiges und sicheres Wohnen und Arbeiten. **Raumangebot:** 7 abgeschlossene Zwei-Zimmer-Einheiten zwischen 70 m^2 und 100 m^2. **Gemeinschaftsräume:** 1 grosse gemeinschaftliche Küche, 1 Essraum, 1 Salon, 1 Kulturraum, 1 Computerraum, grosser Garten **Besonderes:** • Die Räumlichkeiten befinden sich in einer historischen Liegenschaft in der Berner Altstadt. • Im Gegensatz zu den meisten Hausgemeinschaften älterer Menschen machen im Stürlerhaus auch mehrere Männer mit. • Die Genossenschaft beschränkt sich nicht explizit aufs Wohnen im Alter. Die Mitglieder unterstützen sich jedoch gegenseitig bei Krankheit und bei altersspezifischen Bedürfnissen. • In der Genossenschaft sollen gemeinsame kulturelle, soziale, politische und gewerbliche Aktivitäten möglich sein. **Kontaktadresse:** Margareta Hehl, Altenbergstr. 60, 3013 Bern. Tel. 031 333 20 40. E-Mail: hehl@bluewin.ch oder stuerler@bluewin.ch

Von der Relativität des Begriffs Sicherheit

«Wohnen mit Dienstleistungen» heisst das Konzept der **Berner Wohnsiedlung Schöneggpark** – eine spannende Erfahrung für alle Beteiligten.

Paula Lanfranconi

Von der stark befahrenen Seftigenstrasse her sehen die drei ochsenblutfarbenen Wohnhäuser ähnlich aus wie viele andere Flachdachbauten. Was in ihnen steckt, zeigt sich erst richtig, als Herr Dubach mit verschmitztem Lächeln die Balkontüre seiner Vierzimmer-Eigentumswohnung öffnet. Die Aussicht vom dritten Stock ist tatsächlich umwerfend: Wie auf einer Bühne präsentiert sich die ganze Berner Skyline – vom Bundeshaus mit Hotel Bellevue über das Casino bis zum Münsterturm.

Verwöhnt waren Roland und Sylvia Dubach, beide 67, schon vor ihrem Einzug in den Schöneggpark. «Wir lebten vorher in einer tollen Mietwohnung, sahen sogar Eiger, Mönch und Jungfrau», erzählt Roland Dubach, ein pensionierter Reisebürofachmann. Die Wohnung war allerdings renovationsbedürftig, die Miete wäre bald gestiegen. So griffen Dubachs zu, als sie in der Zeitung vom Projekt Schöneggpark lasen. «Vorbereitung aufs Alter» stand da, Wohnen mit Service: Die Besitzer der Eigentumswohnungen können vom benachbarten Altersheim massgeschneiderte Dienstleistungen wie Mittagstisch, Pflege oder Wäschebesorgung einkaufen. Und sie haben prioritär Anrecht auf einen Platz im Heim.

«Vier Zimmer, 100 Quadratmeter Wohnfläche für 500 000 Franken», schwärmt Roland Dubach, «das ist ein Superangebot an dieser Lage!» Die Kollegen machten Sprüche: Was, ihr zügelt schon ins Altersheim?! Natürlich sei «das Alter» noch weit weg, sagen Dubachs. «Aber man sieht ja im Verwandten- und Bekanntenkreis, wie sich die Situation ganz plötzlich verändern kann.» Hier im Schöneggpark sei man für alle Eventualitäten gerüstet. Sogar ein Alarmtelefon habe es, das sie, schmunzelt Herr

Dubach, allerdings noch nicht aktiviert hätten. Und die Wohnung ist hell. Es gibt keine Schwellen, man kommt mit einem normalen Rollstuhl durch alle Türen. In Badezimmer und WC hat es genug Platz zum Wenden, die Dusche ist selbstverständlich schwellenlos. Nur die obersten Regale der selbst eingebauten Küchenschränke wären vom Rollstuhl aus nicht erreichbar.

Wie steht es mit den Einkaufsmöglichkeiten? Das Tram hält praktisch vor dem Haus. Der nächste Grossverteiler ist einen Kilometer entfernt. Doch das näher gelegene Lädeli, sagt Sylvia Dubach, würde alles ins Haus liefern. Dubachs sind gesellige Leute. Obwohl sie erst wenige Monate hier leben, kennen sie bereits viele Mitbewohner. Sylvia Dubach hat sogar schon von allen auf ihrer Etage den Schlüssel. Sie kann sich auch vorstellen, der Einladung des Altersheimleiters zu folgen und hie und da eine Heimbewohnerin im Rollstuhl spazieren zu führen. «So ist man mit dem Heim schon ein bisschen vertraut», sagt sie sich.

Als Dubachs einzogen, hatte der Schöneggpark einen langen Weg hinter sich. Das Baugrundstück war der Stadt Bern von der Roschi-Stiftung überlassen worden, mit der Auflage, darauf Alterseinrichtungen zu erstellen. Das Altersheim ist längst gebaut. Für die Überbauung des restlichen Grundstückes gründeten 1995 die Stadt Bern und die Solothurner Firma Bracher und Partner die Genossenschaft ALTER-native Schönegg. Bracher und Partner sind Spezialisten für den Bereich Wohnen mit Dienstleistungen. Ihre Baubegleiter achteten darauf, dass die 56 2- bis 5-Zimmer-Eigentumswohnungen tatsächlich rollstuhlgängig erstellt wurden. Die Firma handelte auch die Dienstleistungsverträge mit dem benachbarten Altersheim aus. Offenbar traf man damit einen

Nerv, denn trotz schwieriger Wirtschaftslage gingen die Wohnungen rasch weg. Etliche wurden von Personen gekauft, die ihre betagten Eltern an einem sicheren Ort wissen wollen.

Doch just das Thema Sicherheit sorgte für interessante Erfahrungen. An seine Hinfälligkeit will niemand gerne erinnert werden. Auch alte Menschen nicht. Und die meisten Betagten sind sparsam, Sicherheit darf nicht extra kosten. Im Schöneggpark hat man die Notrufsysteme deshalb fest in jede Wohnung eingebaut und mit dem benachbarten Altersheim verbunden. Alle BewohnerInnen besitzen zudem ein Notrufgerät fürs Handgelenk. Und doch gibt es, trotz perfekter Instruktion, auch hier keine hundertprozentige Sicherheit. «Letztlich», sagt Projektleiter Peter Anliker, «können wir nur an die Bewohner appellieren, ihr Alarmgerät auch wirklich zu aktivieren.»

Jetzt müssen die gut 50 WohnungsbesitzerInnen zu einer Gemeinschaft zusammenwachsen. Das braucht Zeit. Und ein bisschen Anstoss von aussen, findet Unternehmer Ivo Bracher. Dafür hat seine Firma das so genannte Bonacasa-Konzept entwickelt. Neben dem Thema Sicherheit gehören dazu auch Information und Kommunikation: In regelmässigen Umfragen sollen die Wünsche und Bedürfnisse der BewohnerInnen erfragt werden. Die Bonacasa-Leute sollen den Betagten auch gegenseitige Dienste zur Selbsthilfe vermitteln: Botengänge, Unterstützung beim Putzen, Mitfahrgelegenheiten.

«Das», glaubt Ivo Bracher, «würde die Bewohner zusammenbringen. Sie könnten im Haus auch Hobbypartner finden.» Die Leute wären so weniger isoliert und blieben

länger fit. Der Haken: Die Vermittlungsarbeit von Bonacasa und die Tätigkeit einer so genannten Hauswirtin würde die BewohnerInnen pro Monat etwa 40 Franken kosten. «Das ist zu viel. Wir können das selbst», sagte die Mehrheit und startete eine eigene Umfrage über gegenseitige Hilfestellungen. So viel Eigeninitiative ist doch toll, würde man meinen. Ivo Bracher ist da skeptischer, aus Erfahrung, wie er sagt: «Man redet zwar davon, aber gemacht wird dann oft nichts.»

Am Bonacasa-Konzept möchte Bracher nichts ändern, wohl aber an der Kommunikation. Man wird den Leuten künftig konsequenter erläutern, was man unter Wohnen mit Dienstleistungen verstehe. Und die Leute das Reglement vorher unterschreiben lassen. Die Wortwahl hat man bereits angepasst. Statt von Alter und Hilfe ist in den Unterlagen nun die Rede von besserer Lebensqualität.

Hindernisfreies Bauen, ist Projektleiterin Katharina Frischknecht überzeugt, macht vielen älteren Menschen den Verbleib in den eigenen vier Wänden erst möglich: «Während meiner Tätigkeit als Pflegefachfrau habe ich immer wieder gesehen, dass viele Betagte ihre Wohnung nur verlassen mussten, weil es dort zu viele Hindernisse gab.»

Wohnsiedlung Schöneggpark, Bern

Kaufpreis pro Wohnung: 2 Zimmer 235 000 bis 245 000 Franken • 3 Zimmer 325 000 bis 355 000 Franken • 4 Zimmer 449 000 bis 475 000 Franken • 5 Zimmer 460 000 bis 474 000 Franken **Anzahl Wohnungen:** 56 **Bauträger:** Bracher und Partner Totalunternehmung AG im Auftrag der Genossenschaft ALTER-native Schönegg. Gegründet 1995 von der Stadt Bern und der Bracher-Gruppe, mit dem Ziel, preisgünstigen Wohnraum für Betagte und Behinderte zu schaffen. **Gemeinschaftsräume:** Der Gemeinschaftsraum im Altersheim Domicil steht den BewohnerInnen des Schöneggparks gegen Reservation kostenlos zur Verfügung. Atelierräume können gemietet oder gekauft werden. **Besonderes:** • Sämtliche Wohnungen sind rollstuhlgängig. • Die WohnungsbesitzerInnen können vom nahen Altersheim Domicil Schönegg Dienstleistungen einkaufen. Sie bezahlen gleich viel wie die HeimbewohnerInnen. • Bei dauernder Pflegebedürftigkeit erhalten die WohnungseigentümerInnen prioritär einen Platz im Altersheim. **Kontaktadressen:** Peter Anliker, Bracher Haus und Eigentum AG, Weissensteinstr. 15, 4503 Solothurn, Tel. 032 625 95 59, E-Mail: peter.anliker@bracher.ch Katharina Frischknecht, Tel. 032 625 95 54, E-Mail: katharina.frischknecht@bracher.ch www.schoenegg-bern.ch

Eine Altersresidenz für alle

Das **Alterszentrum Dreilinden im zugerischen Rotkreuz (Gemeinde Risch)** besticht durch seine helle, offene Architektur. Das färbt auch ab auf die Atmosphäre im Altersheim.

Paula Lanfranconi

Wer den Dorfplatz von Rotkreuz betritt, hat es sofort im Blick: Ein lang gezogenes rosa Gebäude mit weissen Balkonen, davor cin Bassin mit plätschernden Springbrunnen. Fast ein wenig südlich sieht das aus. Im Entrée des Gebäudes setzt sich die freundliche Ambiance fort. Helles Holz und viel Weiss sorgen für Leichtigkeit. Auch sonst ist von institutioneller Schwere keine Spur. Die Mütterberatungsstelle, Tür an Tür mit dem Spitex-Stützpunkt, bringt auch jüngere Leute ins Haus. Sie werden begrüsst von attraktiv ausgestellten Babysachen und Bastelarbeiten – Produkte, welche die BewohnerInnen jeweils am Mittwochmorgen beim gemeinsamen Werken herstellen.

In einer der oberen Etagen öffnet sich eine Türe. Dieter Schmitz, ein charmanter Herr, dem man seine 90 Jahre nicht ansieht, ist unterwegs zum Kegelplausch. Aber er zeigt uns noch rasch sein Zimmer. Im Notenständer stehen Blätter mit selbst komponierten Akkordeonstücken. Herr Schmitz legt eine CD ein. Sofort füllen rassige Klänge den Raum und lassen Zeiten aufleben, in denen das Akkordeonduett Caprani und Schmitz sogar im Ausland berühmt war. Seine Kinder und Enkel, erzählt Herr Schmitz stolz, seien alle aufs Konservatorium gegangen. Drei Jahre ist Herr Schmitz jetzt im Dreilinden. Er hat sich rasch eingelebt. Aber er findet es schade, dass es hier kaum andere Männer gebe, mit denen er noch etwas unternehmen kann.

Frau Blum verlässt ihr Zimmer nur selten. Sie hat sich ein richtiges Nähatelier eingerichtet. «Ich bin grad an einer Schlangenledertasche», sagt die 91-Jährige und ihre Augen strahlen im klugen Gesicht. 300 dieser attraktiven Stofftaschen hat sie schon genäht. «Ich bringe Ihnen Medizin», sage ihr Arzt jeweils, wenn er ihr wieder ein Stück

Stoff überreicht. Eigentlich wäre Frau Blum gerne Lehrerin geworden. Sie schrieb schon früh Gedichte. Das Studieren musste sie dann ihren Brüdern überlassen. Wie sie es schaffte, mit Akkordarbeit sechs Kinder und ihren kranken Mann zu ernähren, bleibt Frau Blums Geheimnis. «Ich habe ein gutes Gemüt, und das Leben bildet einem auch», sagt sie nur und lächelt ihr weises Lächeln.

So gut wie Herrn Schmitz und Frau Blum geht es natürlich nicht allen 57 HeimbewohnerInnen. Ihr Durchschnittsalter liegt bei 85 Jahren, ein Drittel benötigt Pflege, bettlägerig ist aber niemand. «Nichts Spitalähnliches» habe den Gründervätern vorgeschwebt, sondern eine Art wohnliche, für jedermann bezahlbare Altersresidenz, sagt Heimleiter Roland Berger. Das steuergünstige Risch, zu dem Rotkreuz politisch gehört, ist erst in den letzten 20 Jahren auf etwa 8000 EinwohnerInnen gewachsen. Allein hätte es die wirtschaftliche Betriebsgrösse für ein Alterszentrum nicht erreicht. So gründete Risch zusammen mit der luzernischen Nachbargemeinde Meierskappel eine Trägerschaftsstiftung.

1991, nach mehrjährigen Planungsarbeiten, zogen die ersten BewohnerInnen im Dreilinden ein. Zwei Jahre später waren auch die rund hundert Meter vom Heim entfernten 24 rollstuhlgängigen Alterswohnungen bezugsbereit. «Die meisten MieterInnen», sagt Heimleiter Berger, «legen Wert auf ihre Eigenständigkeit.» Ein paar wenige essen im Heim, andere lassen dort ihre Wäsche besorgen. Die Nähe des Altersheimes vermittelt indes ein Gefühl der Sicherheit, weil dort auch das Spitex-Zentrum untergebracht ist. Ein verbrieftes Vorrecht auf einen Heimplatz haben die MieterInnen der Alterswohnungen nicht, aber gemeinsam findet man immer Lösungen.

Autonomie und Mitbestimmung sind wichtig im Altersheim Dreilinden. Das beginnt schon vor dem Eintritt. «Wir gehen zu den Leuten nach Hause», sagt Sylvie Knüsel, Co-Leiterin des Pflegedienstes. «So sehen wir, wie sie gelebt haben, und können uns auf ihre Vorlieben und Abneigungen einstellen.» Jede Pensionärin und jeder Pensionär bewohnt ein Einerzimmer. So viel Individualisierung kann auch isolieren, und so ist das Mittagessen im Speisesaal ein wichtiges Gemeinschaftserlebnis. Und wenn sie schon mal da sind, gehen viele BewohnerInnen noch in die Cafeteria mit dem grossen Wintergarten. Dort ist die Chance gross, BesucherInnen aus dem Dorf anzutreffen.

Etwa sechs Mal im Jahr lädt die Heimleitung zu Etagengesprächen. Oft geht es ums Essen. Aber auch Tiefgründigeres kommt zur Sprache. Das Heim wolle seinen BewohnerInnen «die bestmögliche Lebensqualität bieten», betont der Heimleiter. Was dies bedeuten kann, zeigen die Beispiele von Frau Blum und Herrn Schmitz: überraschend viel Lebensfreude und Unternehmungslust bis ins höchste Alter Während ihres ganzen Aufenthaltes, besonders aber in der letzten Lebensphase, ergänzt Pflegeleiterin Sylvie Knüsel, sollen die BewohnerInnen im Sinne der palliativen Pflege möglichst schmerzfrei sein und ohne Angst. Für das Personal heisst das auch, sich genügend Zeit zu nehmen für Zuwendung und Gespräche.

Wie andere Altersheime hat auch das Dreilinden ein Dilemma. Weil die BewohnerInnen immer später eintreten, wird das Altersheim zum Pflegeheim. Das schreckt noch rüstigere InteressentInnen ab. Um diesen Teufelskreis zu durchbrechen, möchte Heimleiter Berger mittelfristig nur noch BewohnerInnen aufnehmen, die beim Eintritt erst leichte bis mittlere Pflege benötigen. Verwirrte Betagte, die weglaufgefährdet sind, kann

das Dreilinden wegen seiner offenen Bauweise nicht aufnehmen. «Wenn man heute neu bauen würde», sagt Roland Berger, «müsste man sich auch überlegen, ob man ein Wohngruppensystem möchte.» Im Dreilinden ist das schwierig, weil die Räumlichkeiten kaum unterteilbar sind.

Inzwischen ist es Zeit fürs Kegeln geworden. Herr Schmitz lässt die Kugel rollen, Frau Reber schreibt die Punkte auf, und Frau von Huben stellt die Kegel mit einer kräftigen Hebelbewegung wieder auf. Bücken muss sich niemand, denn die Mini-Kegelanlage steht auf Beinen. «Und schon wieder ist ein Stündli vorbei», stellt Frau Niederberger zufrieden fest.

Zentrum Dreilinden der Stiftung Alterszentrum Risch-Meierskappel

Preis pro Monat: Heimtaxe je nach Zimmer 2580 bis 2730 Franken pro Monat, zuzüglich Arztkosten und spezielle Leistungen wie gewünschte Diäten, Näharbeiten, Coiffeur, TV-Anschluss etc. Die Pflegekosten betragen dank Gemeindesubventionen für BewohnerInnen mit Wohnsitz im Kanton Zug je nach BESA-Einstufung zwischen 12 und 93 Franken pro Pflegetag. **Anzahl BewohnerInnen:** 57 **Trägerschaft:** Stiftung Alterszentrum Risch-Meierskappel (Einwohnergemeinden Risch und Meierskappel, Bürgergemeinde Risch, Kath. Kirchgemeinde Risch, Ev.-ref. Kirchgemeinde des Kantons Zug) **Raumangebot:** Einerzimmer mit Dusche/WC und Balkon. Die Zimmer haben Grundflächen zwischen 18 und 20 m^2. **Gemeinschaftsräume:** Speisesaal, Cafeteria mit Wintergarten, «Stube» mit Bibliothek, Kapelle, Hobbyraum, Etagen-Teeküchen, «Lindenstube» im Dachgeschoss, Kleintierzoo **Dienstleistungen:** 24-Stunden-Betreuung, Gymnastik, Ergotherapie, Mahlzeitendienst, Mittagstisch, Essen für Gäste, Wäschedienst, Coiffeur, Pédicure **Besonderes:** • Das Zentrum zeichnet sich durch seine helle, lebhafte Ambiance aus. • Neben dem Altersheim gehören auch 24 rollstuhlgängige Alterswohnungen zum Zentrum Dreilinden. Die MieterInnen können gegen Verrechnung die Dienstleistungen des Heimes beziehen. Sie haben aber kein Vorrecht auf einen Heimplatz. • Der Spitex-Stützpunkt, die Mütterberatung und die öffentliche Cafeteria sorgen für generationenübergreifende Kontakte. **Kontaktadresse:** Roland Berger, Heimleiter, Zentrum Dreilinden, Waldeggstr. 15, 6343 Rotkreuz; Tel. 041 790 34 64. E-Mail: berger.roland@zentrum-dreilinden.ch. www.zentrum-dreilinden.ch

Umsorgt – bis die Lebensflamme erlischt

In der **Zürcher Pflegewohnung «Am Bach»** leben sieben pflegebedürftige Betagte. Fast so normal wie zu Hause und doch rund um die Uhr umsorgt.

Paula Lanfranconi

Herr Müller (Namen geändert) sitzt in der Stube und studiert die Zeitung. Die Morgensonne scheint auf die meerblauen Vorhänge, den Parkettboden und die hellen Möbel. Herr Müller wirkt jugendlich in seinem Matrosenpulli, als Aussenstehende sieht man dem 91-jährigen seine schwere Krankheit nicht an. «Ja, wir haben es gut hier im Hotel Am Bach», sagt er und lächelt. Herr Müller ist vor zwei Jahren, nach mehreren Operationen und Stürzen, in die neu gegründete Pflegewohngruppe eingetreten.

Neben Herrn Müller sitzt Frau Keller. Es geht auf Ostern zu. Eine Betreuerin zeigt Frau Keller, wie man mit Pinsel und Eierfarbe umgeht. Das Leben in der Wohngruppe gefällt der 83-jährigen Frau. So spät noch zu einer Art Familie zu kommen, findet sie wunderbar. Vor ihrem Einzug hatte Frau Keller in einer benachbarten Alterswohnung gelebt, bis es wegen verschiedener Stürzen und ihrer Demenz zu gefährlich wurde.

Frau Pfister, mit 99 die älteste Bewohnerin, hat sich in ihr Zimmer zurückgezogen. Hier fühlt sie sich fast wie zu Hause – auch, weil sie die meisten Möbel mitnehmen konnte. Sehen kann Frau Pfister fast nichts mehr, der Übertritt in eine grosse Institution wäre für sie nicht mehr zu bewerkstelligen gewesen.

Sieben Personen leben in der Pflegewohnung Am Bach. Die jüngste ist 69, die älteste 99. Etliche BewohnerInnen sind verwirrt, andere schwer krank. Doch von Defizit und Krankheit ist erstaunlich wenig zu spüren. Das hat mit der «Normalität» in der Pflegewohnung zu tun: Das sechsköpfige Pflege- und Betreuungsteam, geführt von Wohnungsleiterin und Pflegefachfrau Elisabeth Güntensperger, versucht den Tag so zu

gestalten, wie er in einer gewöhnlichen Wohnung ablaufen würde. Und dabei so gut wie möglich auf die Gewohnheiten und Eigenarten der Betagten Rücksicht zu nehmen.

Das braucht neben viel Hausarbeit und Pflege auch eine gute Portion Einfühlungsvermögen, Flexibilität und Zeit. Viel Zeit. Eine hochbetagte Frau bis zehn, elf Uhr ausschlafen zu lassen, wäre zum Beispiel in einer grossen Institution kaum möglich. Die alte Dame lohnt es jeweils mit einem strahlenden Lächeln. Gleichzeitig muss das Team aber auch dafür sorgen, dass sich die BewohnerInnen nicht zu sehr zurückziehen und so ihre Fähigkeiten vorzeitig verlieren. Das sind tägliche, noch kaum wissenschaftlich untersuchte Gratwanderungen. Und sie gelingen, wie die Pflegewohnung Am Bach zeigt.

Für Liset Lämmler, Geschäftsleiterin der Stiftung Alterswohnen in Albisrieden, ist die Pflegewohnung Am Bach auch wegen ihrer Einbettung in die Baugenossenschaft Sonnengarten ein Glücksfall. Das imposante vierstöckige Gebäude am Westrand von Zürich, in dessen Erdgeschoss die Wohnung liegt, war 1977 als Alterswohnhaus erstellt worden. Mit der Zeit erwiesen sich die vielen Einzimmerwohnungen jedoch als zu klein, und die Baugenossenschaft legte sie 1998 zu Familienwohnungen zusammen. Im Parterre entstand so eine Grosswohnung – für die Stiftung Alterswohnen in Albisrieden eine willkommene Gelegenheit, dort eine Pflegewohnung einzurichten. Vorausgesetzt, man konnte sieben Plätze mit eigener Waschküche, zwei Duschen und drei WCs realisieren. «Es war», erinnert sich Liset Lämmler, «eine optimale Zusammenarbeit, weil wir die Baugenossenschaft schon von einer andern Pflegewohnung her kannten und wussten, dass man unsere Anliegen aufnimmt.» Weitere Vorteile sind die

Gemeinnützigkeit und die Beständigkeit einer Baugenossenschaft, denn mit privaten Hausbesitzern machte die Stiftung schon leidvolle Erfahrungen. «Bei jedem Verwaltungswechsel», sagt Liset Lämmler, «mussten wir wieder bei null anfangen, und als Schlussbouquet wurde das Haus dann verkauft.» Für die Baugenossenschaft ist die Zusammenarbeit mit der Stiftung interessant, weil es immer wieder betagte Genossenschaftsmitglieder gibt, die einen Pflegeplatz benötigen. Wie ist die Stiftung in die Baugenossenschaft eingebettet? «Wie normale Mieter», sagt Liegenschaftenverwalter Bernhard Züger, «die Stiftung zeichnete pro Wohnung einen Genossenschaftsanteilschein.»

Die Umwandlung der Grosswohnung in eine Pflegewohnung mit drei Einer- und zwei Zweierzimmern war nicht ganz einfach. Um die Wohnung rollstuhlgängig zu machen, entfernte man alle Schwellen, verbreiterte den Korridor und erweiterte die Türen auf 90 Zentimeter. Auf eine Badewanne verzichtete man, weil diese, wie Erfahrungen aus anderen Pflegewohnungen zeigen, wenig benutzt werden. Im Gegensatz zu einem Pflegeheim teilen sich hier zwei bis drei Bewohnerinnen in eine Dusche. Auch deshalb kommt ein Platz in der Pflegewohnung wesentlich günstiger als in einem Heim mit grosser Infrastruktur. Zwei Dinge findet Liset Lämmler zentral: «Pflegewohnungen müssen unbedingt im Parterre gelegen sein, und man sollte die Pläne so früh wie möglich der Bewilligungsbehörde vorlegen.»

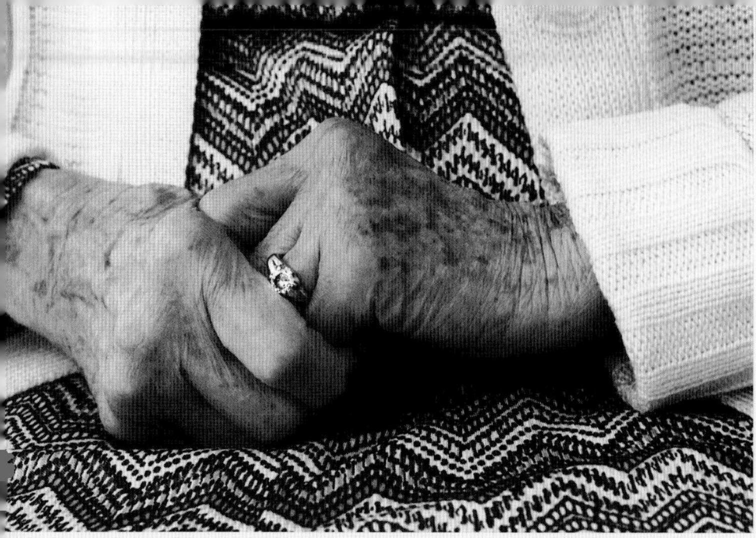

Das enge Zusammenleben in einer Pflegewohnung eignet sich indes nicht für alle Betagten. Um den BewohnerInnen möglichst viele Aussenkontakte zu bieten, begleiten sie die Betreuerinnen zum Coiffeur, in die Pédicure oder zum Posten. Zwei Mal pro Woche kommt ein Besuchsdienst vorbei. Stolz ist Liset Lämmler auf die Tanznachmittage, welche die Stiftung vier Mal pro Jahr mit der Kirchgemeinde organisiert. Diese Anlässe haben eine gute Ausstrahlung aufs Quartier. «Das letzte Mal», freut sich Lämmler, «kamen 90 Leute. Und es geht bestens, auch mit sehr dementen BewohnerInnen und solchen im Rollstuhl.»

Inzwischen ist es elf Uhr. Aus der Küche duftet es anmächelig: Die Betreuerinnen rüsten Lauch und Kartoffeln für den Papet vaudois. Manche BewohnerInnen helfen gerne mit. Aber ihre Kräfte nehmen ab. Und manchmal, sagt die 83-jährige Frau Keller, möchten sie halt «eifach nur e chli sii». Geschäftsleiterin Liset Lämmler versteht das gut. In den Pflegewohnungen der Stiftung lässt man sich Zeit. So lange, bis die Lebensflamme der BewohnerInnen erloschen ist.

Pflegewohnung «Am Bach» der Stiftung Alterswohnen in Albisrieden

Preis pro Monat: Grundtaxe je nach Zimmer 3900 bis 4560 Franken pro Monat, zuzüglich Zusatzleistungen wie Wäschebesorgung oder besondere persönliche Bedürfnisse. Die Pflegekosten betragen je nach BESA-Einstufung zwischen 25 und 110 Franken pro Pflegetag. **Anzahl BewohnerInnen:** 7 **Trägerschaft:** Gemeinnützige Stiftung Alterswohnen in Albisrieden. Sie wird finanziert durch die Alice Schoch-Bockhorn-Stiftung und hat zum Ziel, zeitgemässe Wohn- und Pflegeformen auch für weniger gut situierte Betagte zu fördern und zu betreiben. **Raumangebot:** Eine Pflegewohnung hat eine Grundfläche von rund 200 m^2. Die Wohnung Am Bach enthält 3 Einerzimmer zu 16 m^2, 2 Zweierzimmer zu 21 m^2 mit Lavabo. 2 Gemeinschaftsduschen, 3 WC. **Gemeinschaftsräume:** 1 Wohn-Esszimmer zu 36 m^2 **Dienstleistungen:** Die BewohnerInnen werden rund um die Uhr gepflegt. Sie sollen möglichst so leben können wie zu Hause und verbleiben bis zu ihrem Tod in der Pflegewohnung. **Besonderes:** • Die Pflegewohnung Am Bach ist eingebettet in die gemeinnützige Baugenossenschaft Sonnengarten. Das garantiert Kontinuität und erlaubte der Trägerin, über die bauliche Infrastruktur mitzubestimmen. • Da die Trägerstiftung im Quartier weitere Pflegewohnungen betreibt, ist eine Vernetzung entstanden. Auch die Kostenstruktur ist dadurch günstiger geworden. **Kontaktadresse:** Liset Lämmler, Geschäftsstelle Alterswohnen in Albisrieden, Ginsterstr. 43, 8047 Zürich; Tel. 01 400 19 45. E-Mail: info@alterswohnen-awa.ch. www.alterswohnen-awa.ch

Vier Generationen unter einem Dach

Mit viel Elan und guter Beratung haben sich die Frauen und Männer der **Genossenschaft Hestia in Aarau** einen Wohntraum erfüllt: Eine Hausgemeinschaft im eigenen Mehrfamilienhaus.

Paula Lanfranconi

Zwischen den alten Bäumen blühen Salomonssiegel, Fliederduft hängt in der Luft, das einzige Geräusch ist Vogelgezwitscher: Das dreigeschossige Mehrfamilienhaus mit den grünen Fensterläden mitten in einem Aarauer Wohnquartier verkörpert Idylle pur. Allerdings eine praktische. Der Bus hält gleich um die Ecke, in 15 Minuten ist man auch zu Fuss am Bahnhof.

Ein paar Monate vor unserem Besuch sind die ersten Mitglieder der Genossenschaft Hestia hier eingezogen. Initiantin ist Elisa Bolliger-Eggli. Die 61-jährige Familienfrau und Sozialarbeiterin hat nach ihrer Scheidung allein gelebt. Doch rasch merkt sie, dass sie mehr Kontakte braucht, und trifft auf Frauen mit dem gleichen Bedürfnis. Im Frauenzentrum Aarau bildet sich eine Kerngruppe. Sie beginnt, ihre Vorstellungen über eine gemeinschaftliche Wohnform in ein Konzept zu giessen: Acht bis zwölf günstige Wohnungen in Aarau sollten es sein, mit Garten und per öffentlichen Verkehr gut erreichbar. Jede Frau soll eine eigene Wohnung haben, und man will auch Kinder und Männer aufnehmen. Sie alle sollen verbindlich, aber ohne Zwang zusammen wohnen. Organisatorisch steht eine Hausgemeinschaft innerhalb einer Wohnbaugenossenschaft im Vordergrund.

Nun beginnt ein spannender Weg. Die Gruppe besichtigt diverse Objekte. Merkt bald, dass ihr Raumbedarf so gross ist, dass sich das Projekt nur in einer eigenen Liegenschaft realisieren lässt. Anfang 2002 erfahren sie, dass das Mehrfamilienhaus, in dem Elisa Bolliger-Eggli lebt, zu kaufen ist. Die Frauen ziehen eine Organisationsentwicklerin bei und gründen eine Genossenschaft. Hestia sollte sie heissen, nach der griechischen

Göttin des Herdfeuers. Zum Glück haben sie früh abgeklärt, dass sie die nötigen Eigenmittel aufbringen können: Einige Frauen steuern den Erlös aus einem Hausverkauf bei, andere ihre Pensionskassengelder. Der Hauskauf geht in bloss zwei Monaten über die Bühne.

Doch bereits wartet die nächste Hürde: Die bisherigen MieterInnen, denen der Vorbesitzer kündigen musste, wollen beruhigt werden. «Das», sagt Elisa Bolliger-Eggli, «war eine der schwierigsten Phasen. Aber das Projekt ist unser Herzenswunsch, und wir halfen verschiedenen Leuten bei der Wohnungssuche.» Nun gilt es, die Umbauarbeiten rasch anzupacken. Zwar ist die 1955 erstellte Liegenschaft gut unterhalten, Küchen und Bäder sind aber auf einem sehr unterschiedlichen Stand. Für alles reicht das Geld nicht. Der ersehnte Gemeinschaftsraum muss warten, er würde noch zu grosse Mietzinsausfälle verursachen. Auch den Lift will man später einbauen, denn die BewohnerInnen sollen mit Spitex-Unterstützung auch bleiben können, wenn sie Pflege benötigen. «Das», sagt Genossenschafterin und Pflegefachfrau Verena Eichenberger, «sind jeweils situationsbedingte Entscheide, denn es kommt auch auf die Art der Pflegebedürftigkeit an.»

Vor ein paar Monaten nun sind die ersten BewohnerInnen in die neun gemütlichen, aber nicht übermässig geräumigen Zwei- bis Vierzimmer-Wohnungen eingezogen. Lisa, die 45-jährige Sozialarbeiterin. Verena, 51, Krankenschwester und Hebamme. Anne-Rose, 56, Pflegefachfrau. Ein paar Wochen später folgten Evelyne, 23, Automechanikerin, und Regula, 41, Gärtnerin. Erst kurz da sind der einzige Mann, Lothar, 44 und Lehrer, sowie Marianne, die frisch pensionierte Krankenschwester und Bewegungslehrerin.

Nächstes Jahr kommt noch die 38-jährige Krankenschwester Claudia mit ihrer 11-jährigen Tochter Isabelle dazu. Und bald werden sie vier Generationen sein, denn Marianne plant, ihre 90-jährige Mutter in ihre Wohnung aufzunehmen.

Was ist hier im Alltag anders als in einem «normalen» Mehrfamilienhaus? «In einem Block», sagt Verena, «bin ich für niemanden verantwortlich. Hier hingegen kennen wir einander. Wissen, wie stark die anderen beruflich belastet sind, und haben eine gewisse Achtsamkeit füreinander.» Elisa hat zum Beispiel gerade eine Knieoperation hinter sich. Sie ist dankbar, dass ihr Verena die nötigen Spritzen verabreicht. Andere gemeinsame Aktivitäten ergeben sich fast von selbst: Man trifft sich im Garten und isst zusammen Znacht oder macht einen Abendspaziergang. Einmal pro Woche essen alle gemeinsam in einer der grösseren Wohnungen. Und einmal monatlich ist Haussitzung, denn die Hausgemeinschaft verwaltet sich selber.

Führt diese Selbstverwaltung nicht zwangsläufig zu Konflikten? «Wir haben einen grossen Vorteil», sagt Marianne. «Im Unterschied zu einer gewöhnlichen Baugenossenschaft sind wir eine Wahlgemeinschaft, wir wollen wirklich zusammenleben.» Optimal sei, wenn jemand Erfahrung mitbringt mit gemeinschaftlichem Wohnen, aber auch allein leben könnte. Die BewohnerInnen verstehen ihre Hausgemeinschaft auch nicht als soziale Lebensversicherung, denn alle haben auch ausserhalb einen Freundeskreis.

Ohne tatkräftiges Engagement und eine schöne Portion Konfliktfähigkeit wäre dieser Lebenswohntraum in so kurzer Zeit nicht zu realisieren gewesen. Der harte Kern der

GenossenschafterInnen verbrachte denn auch unzählige freie Wochenenden und teilweise auch die Ferien an Sitzungen und mit Organisieren. Weil alle noch berufstätig sind, kamen sie manchmal an den Anschlag. «Ohne die Hilfe der Organisationsentwicklerin und eines befreundeten Baufachmannes», bilanzieren Elisa und Verena, «hätten wir das alles nicht geschafft.» Und noch etwas steht für sie fest: Ein solches Projekt sollte man spätestens mit 60 starten. Sonst reicht die Energie nicht mehr aus.

Jetzt, wo der Umbau fertig ist, wollen die HestianerInnen einen Tag der offenen Türen durchführen. Elisa hofft natürlich, dass ihr gemeinsames Projekt Schule machen wird. Denn sie weiss: «Viele allein lebende Frauen in der zweiten Lebenshälfte wünschen sich mehr Kontakt- und Austauschmöglichkeiten.»

Genossenschaft Hestia, Wohnprojekt Fraueninitiative Aarau

Mietzins pro Monat: 2 Zimmer 1000 Franken, inkl. Nebenkosten • 3 Zimmer 1255 Franken • 4 Zimmer 1400 Franken. Jede GenossenschafterIn bzw. MieterIn muss mindestens einen Anteilschein von 3000 Franken übernehmen, welcher vorläufig nicht verzinst wird. Verwaltung und Reinigung besorgen die BewohnerInnen selber. **Anzahl Wohnungen:** 9 **Trägerschaft:** Genossenschaft Hestia, Wohnprojekt Fraueninitiative Aarau. Gegründet 2002. Zweck: Förderung, Erstellung und Beschaffung von preisgünstigen Wohnungen im Miet- und Eigentumsverhältnis, auf gemeinnütziger Basis. Insbesondere für Frauen, Frauen in der zweiten Lebenshälfte, Alleinstehende, Paare, Mütter/Eltern mit Kindern. **Besonderes:** • Alle BewohnerInnen einer Liegenschaft bilden eine Hausgemeinschaft. Sie verwirklichen ihr Bedürfnis nach verlässlicher Gemeinsamkeit und persönlicher Individualität, nach vertrautem Kontakt und Eigenständigkeit. Darunter ist auch gegenseitige Nachbarschaftshilfe zu verstehen, was in einer schriftlichen Absichtserklärung festgehalten wurde. • Eine Hausgemeinschaft umfasst alle Generationen. In der Aarauer Liegenschaft wird die jüngste Bewohnerin 11 Jahre, die älteste 90 Jahre alt sein. • Das Projekt beruhte von Anfang an auf der Eigeninitiative der GenossenschafterInnen. Fachliche Unterstützung holten sie sich bei einer Organisationsentwicklerin und einem Baufachmann. **Kontaktadresse:** Simone Gatti, Organisationsentwicklung und Coaching, Bodenackerstr. 6a, 4334 Sisseln. E-Mail: simone.gatti@bluewin.ch, www.zukunftswohnen.ch

Service-Teil

Nachfolgend werden einige Informationen aufgeführt, die eine Hilfe für eine grobe Orientierung im Themenfeld darstellen sollen. Die Liste hat keinen Anspruch auf Vollständigkeit. Aufgenommen wurden ausschliesslich gesamtschweizerische bzw. überregionale Angebote.

Organisationen, Firmen und Verbände

Pro Senectute

Pro Senectute hat in jedem Kanton mehrere Beratungsstellen. Das Spektrum von Beratungsleistungen geht von finanzieller Beratung bis zu Beratungen über institutionelle Wohnangebote. Teilweise werden auch Beratungen für Wohnungsanpassungen vorgenommen. Die Telefonnummern der Pro Senectute Beratungsstellen sind im Telefonbuch zu finden oder beim Zentralsekretariat in Zürich erhältlich.
Tel. 044 283 89 89; www.pro-senectute.ch

Interessengemeinschaft dezentraler Pflegestationen

Die Interessengemeinschaft dezentraler Pflegestationen (IGdPS) vertritt einige der rund 100 Pflegewohnungen in der Schweiz. Über die Arbeit der IGdPS wurde 2002 ein Film gedreht. Der Film mit dem Titel «So lange als möglich zuhause – und dann?» kann bei der IGdPS bestellt werden beim Verein IGdPS / Betagtenpflegeverein Biel-Seeland.
Tel. 032 323 41 34; e-mail: bpv.biel-seeland@bluewin.ch

Curaviva

Der Verband Heime und Institutionen in der Schweiz CURAVIVA vereinigt rund 1650 Institutionen und Heime in den Fachbereichen Alter, Kinder und Jugendliche sowie erwachsene Behinderte unter einem Dach.
Informationen bei der Zentrale in Zürich Tel. 044 385 91 91; www.curaviva.ch. Eine Auswahl an Alters- und Pflegeheimen und an Alterswohnungen findet man auf www.seniorennetz.ch

sipp

Der Sipp ist ein Zusammenschluss privater Alters- und Pflegeheime der Schweiz, dem zur Zeit ca. 200 Mitgliederheime angeschlossen sind. Der Verein ist in Neuenegg domiziliert.
www.sipp-schweiz.ch

Spitex

Spitex bietet eine breite Palette von Dienstleistungen an. Zum Grundangebot gehören Kranken- und Gesundheitspflege, hauswirtschaftliche Unterstützung sowie soziale Begleitung. Über den Spitex Verband Schweiz, den Dachverband der Non-Profit-Spitex-Organisationen in Bern sind die regionalen Spitex-Anlaufstellen zu finden.
Tel. 031 381 22 81; www.spitexch.ch

Alzheimervereinigung

Die Schweizerische Alzheimervereinigung (ALZ) gegründet, mit dem Ziel, die Interessen dieser Patienten wahrzunehmen und Angehörige, fachliche Betreuer und Ärzte bei ihrer schweren Aufgabe zu unterstützen, zählt heute über 5000 Mitglieder.
www.alz.ch

Schweizerische Parkinsonvereinigung

Die Schweizerische Parkinsonvereinigung (SPaV) ist eine gesamtschweizerisch tätige, gemeinnützige Organisation im Dienste Parkinsonbetroffener. Die SPaV mit Sitz in Egg bei Zürich ist die Anlaufstelle in allen Fragen rund um Morbus Parkinson.
Tel. 044 277 20 77; www.parkinson.ch

Bundesamt für Wohnungswesen

Das Bundesamt für Wohnungswesen (BWO) unterstützt über die Dachorganisationen des gemeinnützigen Wohnungsbaus und der Hypothekar Bürgenossenschaften gemeinnützige Bauträger mit zinsgünstigen Darlehen. Neben vielen anderen Tätigkeiten und Aufgaben gibt das BWO regelmässig Daten über die Entwicklung des Immobilienmarktes heraus.
e-mail: info@bwo.admin.ch; Internet: www.bwo.admin.ch

Schweizerische Fachstelle für behindertengerechtes Bauen

Die Schweizerische Fachstelle für behindertengerechtes Bauen fördert eine konsequent behindertengerechte Bauweise in der Schweiz. Als nationales Kompetenzzentrum ist sie in Zürich domiziliert und steht einem Netz von kantonalen Beratungsstellen zur Verfügung.
Tel. 044 299 97 97; e-mail: accessuisse@bluewin.ch, www.hindernisfrei-bauen.ch

Schweizerischer Verband für Wohnungswesen

Der Beratungsdienst des SVW bietet seinen Mitgliedern sowie weiteren Interessenten Unterstützung in allen das gemeinnützige, insbesondere genossenschaftliche Wohnungswesen betreffenden Belangen. Insbesondere für Finanzierungen, Organisation und Führung der Verwaltung usw. Die Gründung von Baugenossenschaften wird gefördert durch die Abgabe von Musterstatuten und die Vermittlung von Fachpersonen. Ausserdem wird beim SVW der Fonds de roulement verwaltet, der zinsgünstige Darlehen für Rest- und Überbrückungsdarlehen ausrichten kann.
www.svw.ch

Emissionszentrale für gemeinnützige Wohnbauträger

Die Emissionszentrale für gemeinnützige Wohnbauträger (EGW) beschafft Kapital für gemeinnützige Bauträger direkt auf dem Kapitalmarkt. Das BWO verbürgt über diese Anleihen, die in Form von relativ zinsgünstigen und langfristigen Darlehen für den Bau, die Erneuerung oder die Umfinanzierung von Liegenschaften eingesetzt werden können.
Emissionszentrale für gemeinnützige Wohnbauträger, Olten, Tel. 062 206 06 16

Hypothekar-Bürgschaftsgenossenschaft

Die Hypothekarbürgschaftsgenossenschaft der gemeinnützigen Bauträger (HBG) verhilft gemeinnützigen Bauträgern mit wenig Eigenkapital zu günstigen Bankfinanzierungen. Das BWO leistet Rückbürgschaften.
HBG, c/o Zürcher Kantonalbank, Zürich, Tel. 044 292 22 31; www.hbg-cch.ch

Schweizerischer Verband für Wohnbau- und Eigentumsförderung

Der Schweizerische Verband für Wohnbau- und Eigentumsförderung (SWE) in Luzern ist ein Dachverband von gemeinnützigen Wohnbaugenossenschaften und Bauträgern in der Schweiz. Fachleute des SWE beraten Mitglieder in den Bereichen Recht, Finanzierung, Mieterfragen, Liegenschaftsverwaltung, Rechnungsführung, Organisation, Architektur.
www.swe-wohnen.ch

Schweizerischer Verband Liberaler Baugenossenschaften

Der Schweizerische Verband Liberaler Baugenossenschaften (VLB), welcher in Kriens domiziliert ist, bietet den Mitgliedern eine kompetente, individuelle Beratung im Genossenschaftsbereich. Auch Interessierte, die genossenschaftliche Bauträger zu gründen beabsichtigen, können die Leistungen des Beratungsdienstes in Anspruch nehmen.
www.vlb-wohnen.ch

Genossenschaft Neues Wohnen in der zweiten Lebenshälfte

Die Genossenschaft Neues Wohnen (GNW) in der 2. Lebenshälfte wurde 2002 gegründet und will gemeinschaftliche Wohnformen in der deutschen Schweiz unterstützen. Informationen sind erhältlich bei der Geschäftsstelle in Wallisellen.
Tel. 044 883 31 26; www.zukunftswohnen.ch

Seniorenresidenzen der Tertianum Gruppe

In den Betrieben der Tertianum Management AG (Berlingen) sind grosszügige komfortable Appartements mit modularen Serviceleistungen ergänzt, die im Haus erbracht werden. Die Angebotspalette reicht von der Residenz bis zum domusplus-Angebot (Wohnen mit einem Concierge).
Tel. 052 762 51 51; www.tertianum.ch

Bonacasa – Wohnen mit Dienstleistungen

Die nach dem Prinzip des hindernisfreien und anpassbaren Bauens erstellten Häuser bieten Eigentumswohnungen für Familien, allein stehende Menschen, ältere Menschen oder auch für Behinderte an. Dienstleistungen werden in der Regel über benachbarte Organisationen wie Alters- und Pflegeheime, stationäre Pflegewohngruppen oder Spitex-Stützpunkte bezogen.
Bonacasa-Sewo AG, Solothurn; Tel. 032 625 95 95; www.bonacasa.ch

CD Holding

Die CD Holding AG, die in Wattwil domiziliert ist, hat sich auf die Führung und das Betreiben von Wohn- und Pflegeheimen spezialisiert. Derzeit führt sie 17 eigene Wohn- und Pflegeheime.
Tel. 071 987 30 00; www.seniocare.ch

Senevita

Die Senevita AG mit Sitz in Wabern bietet Fachberatung und Betriebsführung von Alterswohneinrichtungen in der Schweiz an.
Tel. 031 960 99 99; www.senevita.ch

Weitere Organisationen, Verbände, Vereine und Gruppierungen im Zusammenhang mit dem Thema Alter finden Sie bei www.pro-senectute.ch unter dem Stichwort Altersorganisationen Schweiz.

Diverse Informationen

Ratgeber

Wenn das Leben in der eigenen Wohnung allmählich zur Belastung wird, sind ältere Menschen und ihre Angehörigen mit vielen Fragen konfrontiert. Konkrete Antworten, Hinweise und Checklisten findet man im Beobachter Ratgeber von Katrin Stäheli, der 2001 erschienen ist (erhältlich im Buchhandel, ISBN 3 8569 291 9).

Literatursuche

Die Bibliothek von Pro Senectute gibt auf Anfrage thematische Literaturlisten heraus, zum Beispiel zum Thema «Wohnen». Diese Literaturlisten decken Bücher und Zeitschriftenartikel ab, aber auch unveröffentlichte Diplomarbeiten der Schule für Angewandte Gerontologie. Ausserdem übernimmt die Bibliothek Auftragsrecherchen sowohl im eigenen und in fremden Katalogen wie auch im Internet und in Datenbanken.
www.fachwissenalter.ch/bibliothek

Filme zum Thema Alter

Filme und Videos zum Thema Alter können bei der Bibliothek von Pro Senectute bestellt werden.
www.fachwissenalter.ch/bibliothek

Die Age Stiftung veröffentlicht jedes Jahr einen Film über ein Wohnprojekt, das mit dem Age Award ausgezeichnet wurde. Die Filme können bei der Age Stiftung in Zürich bestellt werden.
Tel. 044 234 31 67; e-mail: age@ubs.com, www.age-stiftung.ch

Zeitschriften

Das Fachmagazin des Kuratoriums deutsche Altershilfe «Pro Alter», welches vierteljährlich erscheint, befasst sich häufig auch mit Fragen des Wohnens.
www.kda.de
Die Schweizer Publikumszeitschrift «Zeitlupe – für Menschen mit Lebenserfahrung» erscheint zehn mal pro Jahr.
www.zeitlupe.ch

Links

Die Homepage von seniorweb.ch wird von Seniorinnen und Senioren gestaltet und genutzt.
www.seniorweb.ch

Wissenschaftliche Informationen

Auf der Homepage von Professor Höpflinger werden aktuelle Vorträge und Artikel veröffentlicht. www.hoepflinger.com

Blick nach Europa

AGE, the European Older People's Platform, aims to voice and promote the interests of older people in the European Union and to raise awareness of the issues that concern them most. AGE is involved in a range of policy and information activities to put older people's issues on the EU agenda and to support networking among older people's groups.
www.age-platform.org

Das Observatorium für die Entwicklung der sozialen Dienste in Europa zeigt Trends und Perspektiven europäischer Entwicklungsverläufe im Bereich sozialer Dienste auf.
www.soziale-dienste-in-europa.de

Age Concern is the UK's largest organisation working with and for older people.
www.eurolinkage.org

In Age Platform Nederland spreken de Nederlandse leden van Age Europe elkaar over internationale beleidsthemaís als pensioenen, leeftijdsdiscriminatie (beiden EU) of het VN actieplan over vergrijzing.
www.age-nederland.nl

Das Bundesministerium für Familien, Senioren, Frauen und Jugend (bmfsfj) unterhält Forschungsprogramme und gibt Broschüren und Bücher heraus im Zusammenhang mit Wohnen im Alter. Informationen bei www.bmfsfj.de unter Politikbereiche/Senioren.

Umfrage der Age Stiftung «Wohnen im Alter 2003»

Um die Wohnlage, Wohnzufriedenheit und Wohnbedürfnisse älterer Menschen detailliert zu erfassen, wurde zwischen Februar und März 2003 eine umfangreiche Erhebung bei 1'248 Menschen im Alter von 60 Jahren und älter in der deutschsprachigen Schweiz durchgeführt. Die Erhebung basierte auf einer mündlichen Befragung unter Verwendung eines standardisierten Fragebogens. Die Schwerpunkte der Erhebung waren zum einen wichtige Indikatoren zur aktuellen Wohnsituation (Wohndauer, Wohngrösse, Wohnausstattung u. a.) sowie Fragen zur allgemeinen Wohnzufriedenheit und zur Zufriedenheit mit spezifischen Wohnaspekten (Wohngrösse, Wohnumgebung, altersgerechter Ausstattung u. a.). Zum anderen wurden Wohnwünsche und Wohnbedürfnisse für das Alter erfragt, wobei zusätzlich zur idealen Wohnform im Alter auch nach der Einschätzung diverser Wohnformen für ältere Menschen nachgefragt wurde.

Organisiert wurde die Erhebung von Dr. Max Müller, Institut für Begleit- und Sozialforschung IBSF, Zürich, gemeinsam durchgeführt mit dem Befragungs- und Marktforschungsinstitut IHA-GfK, Hergiswil.

Ausgehend von einer nach Alter, Geschlecht, Wohnform und Gemeindegrösse geschichteten Stichprobe wurde einerseits eine Zufallsauswahl von 1'012 zu Hause lebenden älteren Menschen (60 Jahre und älter) erhoben. Der Stichprobenplan konnte mit einer Ausnahme voll eingehalten werden: Die vielfach noch erwerbstätigen 60- bis 64-Jährigen waren etwas schwerer zu erreichen als die älteren (pensionierten) Personen. Entsprechend ist die Gruppe der zu Hause lebenden 60- bis 64-Jährigen leicht untervertreten (20% der realisierten Stichprobe anstatt 25% gemäss Quotenplan).

Andererseits wurden auch ältere Menschen in Alters- und Pflegeeinrichtungen interviewt, wobei ein mehrstufiges Auswahlverfahren benützt wurde (1. Stufe: Auswahl von Gemeinden bzw. Region, 2. Stufe: Auswahl von Alterseinrichtungen innerhalb der Region, 3. Stufe: Auswahl von Bewohnern innerhalb der ausgewählten Heime). Um genügend Angaben über die in Alters- und Pflegeeinrichtungen lebenden älteren Menschen zu erhalten, wurden HeimbewohnerInnen überproportional berücksichtigt (disproportionale Schichtung). Insgesamt wurden 236 HeimbewohnerInnen in die Stichprobe einbezogen, wovon 65% älter als 79 Jahre waren. Die älteste befragte Frau zählte 100 Jahre. Die Interviews mit den in Heimen (befragbaren) Personen gestalteten sich gut. Die Interviewer und Interviewerinnen telefonierten am Vortag der Befragung mit der Heimleitung des ausgewählten Alters- und Pflegeheimes und fragten an, ob sie am nächsten Tag eine Befragung durchführen dürften. Mit sehr wenigen Ausnahmen wurde dies bejaht, wobei die zu befragenden BewohnerInnen oft von den Heimleitungen mitbestimmt wurden (etwa bezüglich Ansprechbarkeit).

Die Interviews dauerten durchschnittlich 30 Minuten (33 Minuten bei den zu Hause lebenden Personen, 22 Minuten bei Befragten in Alters- und Pflegeheimen). Gemäss Rückmeldung der Interviewer und Interviewerinnen war die Teilnahmebereitschaft und das Interesse an der Studie hoch, und auch die Kooperationsbereitschaft der Heimleitungen war insgesamt hoch.

Im Gegensatz zu vielen anderen Studien zu Altersfragen limitiert sich diese Erhebung nicht allein auf ältere Menschen in privaten Haushaltungen. Da es in dieser Befragung primär um subjektive Wohnfragen ging, beschränkt sich die Befragung sachgemäss auf befragbare Menschen in privaten und kollektiven Wohnformen. Auf «proxy»-Interviews bei kommunikationsunfähigen und/oder demenzerkrankten Menschen wurde verzichtet. Die Umfrage ist damit repräsentativ für die in der deutschsprachigen Schweiz lebenden kommunikationsfähigen Menschen im Alter von 60 Jahren und älter. Ein Vergleich unserer Stichprobe bezüglich wichtiger sozio-demografischer Merkmale (altersspezifische Geschlechts- und Zivilstandsverteilung, altersspezifische Haushaltsgrösse und Mietkosten) sowie einigen gesundheitlichen Variablen (wie subjektive Gesundheitseinschätzung) mit vergleichbaren Erhebungen (Daten zur Bevölkerungsbewegung, Schweizerische Haushaltspanel-Daten, Schweizerische Gesundheitsbefragung) liess bei den einbezogenen Variablen eine hohe Übereinstimmung erkennen.

Literatur

Abelin, Th.; Beer, V.; Gurtner, F. (Hrsg.) (1998), Gesundheit der Betagten in der Schweiz, Ergebnisse der Schweizerischen Gesundheitsbefragung von 1992/93, Bern: Haupt.

Attias-Donfut, C.; Segalen, M. (eds.) (2001), Le siècle des grandsparents: une génération phare, ici et ailleurs, Paris: Ed. Autrement.

Beer, V.; Minder, C.; Hubacher, M.; Abelin, Th. (2000), Epidemiologie der Seniorenunfälle, Schweiz. Beratungsstelle für Unfallverhütung, Bern: bfu-Report 42.

Bohn, F. (2001), Wohnungsanpassungen bei behinderten und älteren Menschen, Zürich: Schweiz. Fachstelle für behindertengerechtes Bauen.

Bolzman, C.; Fibbi, R. (1993), Les immigrés face à la retraite: rester ou retourner?, Revue suisse d'Economie politique et de Statistique, 129,3: 371–384.

Bolzman, C.; Fibbi, R.; Vial, M. (1999), Les Italiens et les Espagnols proches de la retraite en Suisse: situation et projets d'avenir, Gérontologie et Société, 91: 137–151.

Bundesamt für Statistik (2000), Ältere Menschen in der Schweiz, Neuchâtel.

Bundesamt für Statistik (2001a), Szenarien zur Bevölkerungsentwicklung der Schweiz 2000–2060, Demos. Informationen aus der Demografie, Nr. 1+2/2001, Neuchâtel.

Bundesamt für Statistik (2001b), Einwanderung in die Schweiz. Demografische Situation und Auswirkungen, Neuchâtel.

Bundesamt für Statistik (2002), Wohlstand und Wohlbefinden. Lebensstandard und soziale Benachteiligung in der Schweiz, Neuchâtel.

Bundesministerium für Familie, Senioren, Frauen und Jugend (1998), Wohnen im Alter. Zweiter Altenbericht der Bundesregierung, Bonn: Deutscher Bundestag.

Bundesministerium für Familie, Senioren, Frauen und Jugend (2002), Vierter Bericht zur Lage der älteren Generation in der Bundesrepublik Deutschland: Risiken, Lebensqualität und Versorgung Hochaltriger – unter besonderer Berücksichtigung demenzieller Erkrankungen, Berlin.

Bühlmann, J.; Schmid, B. (1999), Unbezahlt – aber trotzdem Arbeit. Zeitaufwand für Haus- und Familienarbeit, Ehrenamt, Freiwilligenarbeit und Nachbarschaftshilfe, Neuchâtel: Bundesamt für Statistik.

Burri, S.; Leu, R.E. (1997), Armut und Lebensbedingungen im Alter, in: Schweiz. Gesellschaft für Gerontologie (Hrsg.), Späte Freiheit?!/Agé et libéré?!, Jahrestagung 5.–7. Nov. 1997 Gwatt-Zentrum, Bern: Schweiz. Gesellschaft für Gerontologie: 120–126.

Cavalli, S. (2002), Vieillards à domicile, vieillards en pension. Une comparaison, Lausanne: Réalités Sociales.

Christe, E.; Genton Trachsel, A.; Hirsch Durrett, E.; Mermoud, P. (1997), Relations sociales et institutions, Rapport de recherche, 20 août 1997, Genève (mimeo).
Ebner, V. (2000), Abschied von der Eigenständigkeit? Strategien zur Verarbeitung des Eintritts in eine Institution der Alterspflege, Bern: Edition Soziothek.
Eidgenössische Kommission für Altersfragen (1979), Die Altersfrage in der Schweiz, Bern: Eidg. Drucksachen- und Materialzentrale.
Ernest Dichter SA, Institut für Motiv- und Marktforschung (2000), Senioren 2000. Eine neue Generation auf dem Weg zur Selbstverwirklichung, Zürich: Ernest Dichter SA.
Fachstelle für Seniorenfragen, Landratsamt Augsburg (Hrsg.) (1999), 10 Jahre Betreutes Wohnen in der Region Augsburg – eine kritische Bilanz, Dokumentation der Fachtagung am 11. Nov. 1999 in Friedberg, Augsburg: Hoffmann-Druck.
Fibbi, R.; Bolzman, C.; Vial, M. (1999), La précarité: un aller et retour pour les migrants âgés?, in: C. Bolzman, J.P. Tabin (eds.), Populations immigrées: Quelle insertion? Quel travail social?, Les Editions IES et EESP, Genève/Lausanne: 57–68.
Foddy, W. (1993), Constructing Questions for Interviews and Questionnaires. Theory and Practice in Social Research, Cambridge: University Press.
Fries, J.F. (1996), Physical activity, the compression of morbidity, and the health of the elderly, Journal of the Royal Society of Medicine, 89: 64–68.
Ganz, B; Wehrle, B. (2000), Das Alters- und Pflegeheim als Lebensraum: Repräsentativbefragung der BewohnerInnen in Alterswohneinrichtungen des Kantons Schaffhausen, Bern: Edition Soziothek.
Gebert, A.; Kneubühler, H.-U. (2001), Qualitätsbeurteilung und Evaluation der Qualitätssicherung in Pflegeheimen, Bern: Huber.
Gitlin, L.N. (1998), Testing home modification interventions: Issues of theory, measurement, design and implementation, Annual Review of Gerontology and Geriatrics 18: 190–246.
Gredig, D. (1995), Dezentrale Pflegestationen. Ein Modell der Betagtenpflege wird 10 Jahre alt, Festschrift zum 10jährigen Bestehen der Stiftung Mme. Dessaules, Biel.
Grossjohann, K.; Stolarz, H. (2002), Wohnkonzepte und Erhaltung von geistiger Kompetenz, in: C. Tesch-Römer (Hrsg.), Gerontologie und Sozialpolitik, Stuttgart: Kohlhammer: 109–135.
Heeg, S. (2000), Bauliches Milieu und Demenz, in: H.-W. Wahl, C. Tesch-Römer (Hrsg.), Angewandte Gerontologie in Schlüsselbegriffen, Stuttgart: Kohlhammer: 233–241.
Held, C.; Ermini-Fünfschilling, D. (2003), Das demenzgerechte Heim. Lebensraumgestaltung, Betreuung und Pflege für Menschen mit leichter, mittelschwerer und schwerer Alzheimerkrankheit, Basel: Karger.

Henckmann, A. (1999), Aufbruch in ein gemeinsames Altern. Neue Wohnformen im Alter am Beispiel des Modellprojektes «Nachbarschaftlich leben für Frauen im Alter», Opladen: Leske & Budrich.
Herlyn, I.; Lehmann, B. (1998), Grossmutterschaft im Mehrgenerationenzusammenhang. Eine empirische Untersuchung aus der Perspektive von Grossmüttern, Zeitschrift für Familienforschung, 10, 1: 27–45.
Höpflinger, F. (1994), Frauen im Alter – Alter der Frauen – ein Forschungsdossier, Zürich: Seismo (2. Auflage: 1997).
Höpflinger, F. (1997a), Bevölkerungssoziologie. Eine Einführung in bevölkerungssoziologische Ansätze und demographische Prozesse, Weinheim: Juventa.
Höpflinger, F. (1997b), Zur Entwicklung der Armut und des Armutsrisikos bei zukünftigen Rentnerinnen und Rentnern, Fachpublikation 1/97, Zürich: Pro Senectute.
Höpflinger, F. (1999), Generationenfrage. Konzepte, theoretische Ansätze und Beobachtungen zu Generationenbeziehungen in späteren Lebensphasen, Lausanne: Réalités Sociales (auch als Internet-Text verfügbar, via: www.hoepflinger.com).
Höpflinger, F. (2002), Männer im Alter, Fachpublikation Pro Senectute Schweiz, Nr. 11, Zürich: Pro Senectute.
Höpflinger, F. (2003), Lebenszufriedenheit und Wohlbefinden im höheren Lebensalter, in: B. Boothe, B. Ugolini (Hrsg.), Lebenshorizont Alter, Zürich: vdf Hochschulverlag: 69–88.
Höpflinger, F.; Hugentobler, V. (2003), Pflegebedürftigkeit in der Schweiz. Prognosen und Szenarien für das 21. Jahrhundert, Bern: Huber-Verlag.
Höpflinger, F; Stuckelberger, A. (1999), Demographische Alterung und individuelles Altern, Zürich: Seismo (2. Auflage: 2000).
Huber, A. (2002), Sog des Südens. Altersmigration von der Schweiz nach Spanien am Beispiel Costa Blanca, Zürich: Seismo-Verlag.
Judd, S.; Marshall, M.; Phippen, P. (eds.) (1998), Design for Dementia, London: Hawker (Internet: www.stir.ac.uk/dsdc).
King, R.; Warnes, T.; Williams, A. (2000), Sunset lives: British retirement migration to the mediterranean, Oxford: Berg.
Klingenfeld, H. (1999), Heimübersiedlung und Lebenszufriedenheit älterer Menschen: Person- & Umweltfaktoren und ihr Einfluss auf die Anpassungsleistung an das Heimleben, Bern: Lang.
Koch-Straube, U. (1997), Fremde Welt Pflegeheim, Bern: Huber.
Kohli, M.; Künemund, H.; Motel, A.; Szydlik, M. (2000), Generationenbeziehungen, in: M. Kohli, H. Künemund (Hrsg.), Die zweite Lebenshälfte. Gesellschaftliche Lage und Partizipation im Spiegel des Alters-Survey, Opladen: Leske & Budrich: 176–211.

Kuratorium Deutsche Altershilfe (2000), Vom Idealismus zum Realismus: über fünfzehn Jahre gemeinschaftliches Wohnen älterer Menschen in den Niederlanden, Schriftenreihe «vorgestellt», Heft 66, Köln: KDA.

Lalive d'Epinay, C.; Bickel, J.-F.; Maystre, C.; Riand, J.-F.; Vollenwyder, N. (1997), Les personnes âgées à Genève 1979–1994. Santé, famille, réseaux d'aide et de soins, Les cahiers de la santé, No. 8, Genève: Dép. de l'action sociale et de la santé.

Lalive d'Epinay, C.; Bickel J.-F.; Maystre, C.; Vollenwyder, N. (2000), Vieillesses au fil du temps 1979–1994. Une révolution tranquille, Collection «Âge et société», Lausanne: Réalités Sociales.

Le Goff, J.-M. (1999), Les trajectoires des travailleurs âgés sur le marché du travail en Suisse et en Europe, Lausanne: Réalités Sociales.

Leichsenring, K.; Strümpel, C. (1998), Der Nutzen kleiner Wohneinheiten für ältere Menschen mit dementiellen Erkrankungen, Eurosocial Reports 64/98, Liverpool/Paris.

Madörin, E. (1985), Wohnformen im Alter, Bern: Haupt.

Mager, H.-C. (1999), Pflegebedürftigkeit im Alter: Dimensionen und Determinanten, in: R. Eisen, H.-C. Mager (Hrsg.), Pflegebedürftigkeit und Pflegeversicherung in ausgewählten Ländern, Opladen: Leske & Budrich: 30–77.

Marty, I. (2000), Vom DaHeim ins BetagtenHeim, Inauguraldissertation der Philosophisch-historischen Fakultät der Universität Bern, Bern.

Mollenkopf, H.; Oswald, F.; Wahl, H.-W. (1999), Alte Menschen in ihrer Umwelt: «Drinnen» und «Draussen» heute und morgen, in: H.-W. Wahl, H. Mollenkopf, F. Oswald (Hrsg.), Alte Menschen in ihrer Umwelt: Beiträge zur ökologischen Gerontologie, Wiesbaden: Westdeutscher Verlag: 219–238.

Moser, P. (2002), Alter, Einkommen und Vermögen. Eine Analyse der Zürcher Staatssteuerstatistik 1999, Statistik.info 23/2002, Zürich: Statistisches Amt des Kantons Zürich (www.statistik.zh.ch).

Motel, A.; Künemund, H.; Bode, C. (2000), Wohnen und Wohnumfeld, in: M. Kohli, H. Künemund (Hrsg.), Die zweite Lebenshälfte. Gesellschaftliche Lage und Partizipation im Spiegel des Alters-Survey, Opladen: Leske & Budrich: 124–175.

Münz, R.; Ulrich, R. (2001), Alterung und Wanderung: Alternative Projektionen der Bevölkerungsentwicklung der Schweiz, Zürich: Avenir-Suisse (auch als Internet-Text verfügbar: www.avenir-suisse.ch).

Olbrich, E. (1998), Ein Plädoyer für die Tierhaltung in Alten- und Pflegeheimen: Argumente, Informationen, Beispiele, Tips, Köln: Kuratorium Deutsche Altershilfe.

Olshansky, S.J.; Rudberg, M.A.; Carnes, B.A.; Cassel, B.A.; Brady, J.A. (1991), Trading off longer life for worsening health: The expansion of morbidity hypothesis, Journal of Aging and Health 2: 194–216.
Oswald, F. (1996), Hier bin ich zu Hause. Zur Bedeutung des Wohnens: Eine empirische Studie mit gesunden und gehbeeinträchtigten Älteren. Regensburg: Roderer.
Perrig-Chiello, P. (1997), Wohlbefinden im Alter. Körperliche, psychische und soziale Determinanten und Ressourcen, Weinheim: Juventa.
Perrig-Chiello, P. (2000), Lust und Last des Älterwerdens – eine psychologische Betrachtung, in: P. Perrig-Chiello, F. Höpflinger (Hrsg.), Jenseits des Zenits. Frauen und Männer in der zweiten Lebenshälfte, Bern: Haupt-Verlag: 15–35.
Radzey, B.; Heeg, S.; Goerlich, C. (1999), Kurzevaluation von Wohngruppen für Verwirrte in Frankreich und den Niederlanden, Schriftenreihe thema Nr. 145, Köln: Kuratorium Deutsche Altershilfe.
Rey, U.; Wüest, H.; Gabathuler, C. (1993), Wohnsituation der Betagten: Quantitative Analyse und Prognose für Stadt und Agglomeration Zürich, NFP 25-Projektbericht, No. 28, Zürich.
Saup, W. (2001), Ältere Menschen im Betreuten Wohnen. Ergebnisse der Augsburger Längsschnittstudie – Band 1, Augsburg: Verlag für Gerontologie Alexander Möckl.
Saup, W. (2003), Betreutes Seniorenwohnen im Urteil der Bewohner, Ergebnisse der Augsburger Längsschnittstudie – Band 2, Augsburg: Verlag für Gerontologie Alexander Möckl.
Sauvain-Dugerdil, C.; Kalmykova, N.; Guang Gu, H.; et al. (1997), Vivre sa vieillesse en Suisse. Les transformations des modes de résidence des personnes âgées, European Journal of Population 13: 169–212.
Schaub, A. (2000), Wohnzufriedenheit der «Alten» in der Schweiz am Ende des 20. Jahrhunderts, Semesterarbeit an der Fernuniversität Gesamthochschule Hagen (mimeo).
Sowarka, D. (2002), Selbständiges Wohnen im Alter und die Erhaltung geistiger Kompetenz, in: C. Tesch-Römer (Hrsg.), Gerontologie und Sozialpolitik, Stuttgart: Kohlhammer: 91–107.
Stamm, H.; Lamprecht, M. (2003), Analyse der Altersvorsorge und Einkommenssituation der Rentnerhaushalte. Sekundäranalyse der EVE, Bern: Schlussbericht.
Streuli, E. (2002), Alleinleben in der Schweiz – Entwicklung, Verbreitung, Merkmale, Universität Zürich: Dissertation.
Stuck, A.E. (2000), Prävention von Behinderung im Alter, in: T. Niklaus (Hrsg.), Klinische Geriatrie, Berlin/Heidelberg: Springer Verlag: 39–45.
Szydlik, M. (2000), Lebenslange Solidarität? Generationenbeziehungen zwischen erwachsenen Kindern und Eltern, Opladen: Leske & Budrich.

Wahl, H.-W.; Mollenkopf, H.; Oswald, F. (2001), Wohnen, Wohnumfeld und Beziehungen zur Natur: Aktuelle Befunde der Alternsforschung, in: J.-P. Fragnière et al. (Hrsg.), Generationenfrage. Dimensionen, Trends und Debatten, Pädagogisches Dossier, Sion: INAG: 339–348.

Weeber, R.; Hörmle, G. (1998), Barrierenfreies Wohnen für ältere Menschen, insbesondere mit Blick auf Wohngemeinschaften, in: Deutsches Zentrum für Altersfragen (Hrsg.), Wohnformen älterer Menschen im Wandel. Expertisenband 3 zum Zweiten Altenbericht der Bundesregierung, Frankfurt: Campus: 52–110.

Wehrli-Schindler, B. (1997), Wohnen im Alter. Zwischen Zuhause und Heim, Zürich: Seismo.

Welter, R. (1998), Über den Umgang mit Demenz aus umweltpsychologischer Sicht, System Familie 11: 23–26.

Widmer, R.; Sousa-Poza, A.; Schmid, H. (2002), Verbreitung und Profil der Altersteilzeitarbeit in der Schweiz – eine empirische Analyse, Bericht für Stiftung Avenir Suisse, Zürich (CD-ROM: Avenir Suisse. Backup 02).

Wilkens, M.; Greve, N. (1999), Ansprüche an die Wohnung im Alter, in: B. Jansen, F. Karl, H. Radebold, R. Schmitz-Scherzer (Hrsg.), Soziale Gerontologie. Ein Handbuch für Lehre und Praxis, Weinheim: Beltz: 540–550.